운정 성락서의 현실인식과 리더스피릿

리더스피릿 Leaderspirit

리더십은 다양한 유형의 공동체가 등장하기 시작한 이래 우리 인류가 가장 주목해 온 보편적 관심사 중 하나이다. 진정한 리더는 단지 조직의 관리 기술뿐만 아니라 공동체 전체의 긍정적인 변화와 발전을 견인할 수 있는 태도와 능력을 갖추어야 한다. 이러한 의미에서 '리더에게 요구 되는 정신'(leaderspirit)이란 구성원들이 지금 여기서 가장 필요로 하는 바, 즉 '시대정신'(Zeitgeist)을 정확히 파악하고 이를 새로운 '공유비전'(shared vision)으로 개념화한 후 다시 구성원과 더불어 성취할 수 있는 자세와 역량으로 규정할 수 있다. 4차 산업혁명시대로 대변되는 21세기는 인류의 문명사에서 끊임없이 등장했던 고전적 단어인 리더십을 새로운 정신적 · 문화적 가치개념으로 해석해야 할 시기이다. 공적 합리성, 개인의 자율성과 평등, 지속적인 자기계발이 공존과 번영의 필수조건인 시대가 도래한 것이다. 21세기 '리더스피릿'은 이러한 시대정신을 선도하고 강화할 수 있는 지도자의 자세 및 역량과 연결된다.

CNU 리더스피릿연구소 The Research Institute of Leaderspirit of CNU

CNU 리더스피릿연구소는 21세기와 한국사회라는 시공간에 적합한 리더와 리더정신(leaderspirit)의 모습을 탐구하고 전파하고자 2021년에 설립되었다. 동서고금의 인문사회과학 고전에 대한 새로운 해석과 응용을 기반으로 우리 한국사회의 다양한 문제를 리더십과 리더정신 차원에서 해결할 수 있는 토대를 마련하고자 한다. 장기적으로는 사회 각 분야에 적용될 수 있는 리더 육성 로드맵을 제시할 것이다. 관심 있는 분들의 동참을 기대한다.

문의 : youngsik@cnu.ac.kr

충청의 리더스피릿 I

운정 성락서의 현실인식과 리더스피릿

CNU 리더스피릿연구소 기획

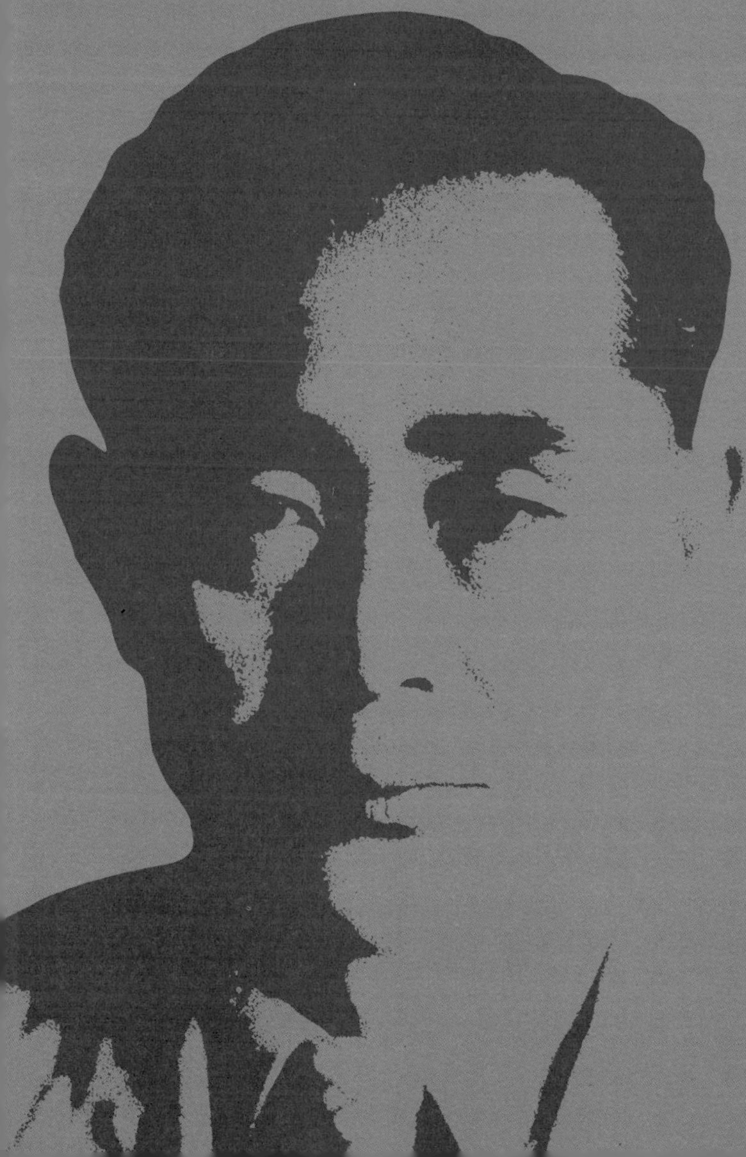

충남대학교출판문화원

목 차

서언　21세기에 운정의 리더스피릿을 되새기는 까닭　010
서영식 | CNU 리더스피릿연구소장

축사I　심대평 | 前충청남도지사　014

축사II　정재근 | 한국유교문화진흥원장　017

축사III　이진숙 | 충남대학교 총장　020

PART 1 공공성과 리더스피릿

I. 운정 성락서의 공공활동 리더십 | 이정우　025

II. 인문학으로 대학을 디자인하다:
운정 성락서의 인문학적 비전의 총장 리더십 | 이종성　049

PART 2 유학과 리더스피릿

III. 인본과 윤리: 운정 성락서의
유가사상에 반영된 리더십 정신 | 이종성　085

IV. 운정 성락서의 성균관장으로서의 리더십
-『유림월보』를 중심으로- | 최영갑　111

PART 3 운정의 학문 세계

V. 운정 성락서의 『조선음악서』 편찬과 그 성과 | 이수정 141
VI. 운정 성락서의 유가유신론 | 이향배 171

주석 197
참고문헌 231
연보 241
운정 선생의 얼과 활동이 간직된 장소와 건축물 247
집필진 소개 255
출처 261

세부 목차

서언 21세기에 운정의 리더스피릿을 되새기는 까닭 010
서영식 | CNU 리더스피릿연구소장

축사I 심대평 | 前충청남도지사 014

축사II 정재근 | 한국유교문화진흥원장 017

축사III 이진숙 | 충남대학교 총장 020

PART 1 공공성과 리더스피릿

I. 운정 성락서의 공공활동 리더십 | 이정우 025
- · 지성인 리더십의 실천가 운정 성락서 027
- · 생애와 주요활동 029
- · 지방 중흥과 충청남도 도지사로서의 리더십 031
  - -지방자치 031
  - -인적쇄신 032
  - -재정운영 안정과 산업진흥 033
- · 교육에 대한 인식과 충남대학교 기반 설립의 리더십 035
  - -일반교육에 대한 인식과 리더십 035
  - -충남대학교 기반 설립과 리더십 037
- · 성균관 쇄신과 새로운 유학, 윤리운동의 리더십 039
  - -〈유림월보〉 간행과 성균관 쇄신 039
  - -새로운 유학운동 040
  - -실천적인 윤리운동 042
  - -성균관 정비의 기틀 마련 044
- · 현대인에게 주는 교훈 046

II. 인문학으로 대학을 디자인하다:
운정 성락서의 인문학적 비전의 총장 리더십 | 이종성 049

· 운정 성락서는 누구인가? 051
· CNU의 기반 정립과 총장서리로서의 업적 054
-나눔과 배움의 실천 054
-지역과 상생하는 대학의 모델 정립 056
· 인문학적 총장 리더십
:인문학으로 대학을 디자인하다 061
-얼의 자각과 민족충대 건설의 꿈 061
-대학 특성화 계획
: CNU를 한국학 연구의 본산으로 066
-인문학 중심의 대학 설계
: 역사와 철학, 그리고 윤리의 강조 071
· 인문학의 비전 또는 운정의 총장 리더스피릿 079

PART 2 유학과 리더스피릿

III. 인본과 윤리: 운정 성락서의
유가사상에 반영된 리더십 정신 | 이종성 085

· 들어가는 말 087
· 인간의 주체성 강조와 인본주의적 리더십 정신 090
· 양심사회 건설의 제창과 윤리적 리더십 정신 096
· 〈유가유신론〉의 제창과 변혁의 리더십 정신 102
· 나오는 말 108

IV. 운정 성락서의 성균관장으로서의 리더십
-『유림월보』를 중심으로- | 최영갑 111

· 들어가는 말 113
· 세 번의 성균관장 역임 115
· 변혁의 지도자 : 유가유신론 119
· 목표 제시형 리더십 126
· 성균관을 위한 활동 133
· 나가는 말 137

PART 3 운정의 학문 세계

V. 운정 성락서의
『조선음악서』 편찬과 그 성과 | 이수정 141

· 들어가는 말 143
· 운정 성락서와 이왕직의 상황 146
· 근대적 관찬 예술서 『조선음악서』 153
-『조선음악서』 편찬 개요 153
-『조선음악서』의 내용 158
·『조선음악서』의 중요성과 운정의 역할 165
-『조선음악서』의 중요성 165
-악서편찬에서 운정의 역할 168
· 결론 170

VI. 운정 성락서의 유가유신론 | 이향배 171

· 들어가는 말 173
· 성락서의 학문과 시대인식 176
· 유교의 현대화 논리 181

-유가유신론의 제창 181
-儒道는 사회 정치의 길 185
-인간의 존엄성을 위한 윤리선언 189
· 나오는 말 194

주석 197
참고문헌 231
연보 241
운정 선생의 얼과 활동이 간직된 장소와 건축물 247
집필진 소개 255
출처 261

21세기에 운정의 리더스피릿을 되새기는 까닭

운정芸庭 성락서(成樂緖, 1905-1988) 선생은 20세기 중후반 충청권을 대표하는 유학자이자 교육자이며, 또한 정치가와 행정가 그리고 전통음악 이론가로서 큰 업적을 남긴 인물이다.

운정 선생은 구한말 충청남도 공주군 공주읍(현재의 공주시)에서 출생하였으며, 정기택鄭基澤 여사와의 사이에 4남 4녀를 두었다. 동시대 여느 한국인들과 마찬가지로, 운정은 일제강점기와 해방, 대한민국 정부 수립과 한국전쟁, 4.19와 5.16, 산업화와 민주화운동 등 한반도 역사에서 가장 파란만장했던 세기의 주요 사건들을 직접 체험하며 일생을 보냈다. 운정은 이미 어린 시절부터 수처작주隨處作主의 자세로 주변 사람들을 이끌며 주어진 임무와 책임을 완수하는 모습을 보였다. 유소년 시절부터 총명하고 성실했던 운정은 당대 최고의 학부 교육(경성제일고등보통학교와 경성제국대학 법문학부)을 이수하였으며, 일제강점기가 지속되던 청년 시절 조선인으로서는 거의 예외적으로 교수의 지위(이화여전)까지 올랐다. 그러나 그는 대학에서 강의(조선사)를 한국어로 진행하는 등 일제의 한민족 말살정책에 강하게 저항하다가 조선총독부에 의해 강제로 해직당하였으며, 창씨개명과 일제의 친일활동 요구를 단호히 거부하면서 광복 직전까지 수년간 고초를 겪었다.

운정은 광복과 더불어 새로운 세상을 만들어야 하는 시대를 맞이하여, 누구보다 지혜로우면서도 열정적으로 공적인 활동을 전개함으로써 21세기에도 세상이 기억할만한 업적을 다수 남겼다. 대한민국 정부수립 전후의 주요 활동으로는 예컨대 대전 보문중학교 설립 및 초대 교장, 국학대학 교무처장, 제헌 국회의원, 충청남도지사, 충남대학교 총장서리 등을 들 수 있다. 또한 운정은 장년기에 접어든 1960년대부터 말년인 1980년대 중반까지 한순간도 쉼 없이 사회봉사와 공공활동에 매진하였다. 대표적인 활동으로는 충청남도 향교재단 이사장, 충청남도 유도회장, 성균관 이사장, 성균관장(6년간 3연임), 공자학회 창립회장 등을 들 수 있다. 이 과정에서 운정은 사람들이 급변하는 세상의 흐름을 정확히 이해하고 의식과 행동에서 변화를 도모해야 함을 역설하였다. 또한 운정은 언행 가운데 항상 지도자의 모범을 보임으로써, 그를 아는 많은 이들의 변화를 도출해내는 변혁적 리더십transformational leadership을 실천하였다. 그는 동시대인들 사이에서 지행합일을 실천하는 지식인의 표상으로 각인되었던 것이다.

운정이 우리 곁을 떠난 지 35년의 세월이 지난 현재의 시점에서 돌이켜보면, 그동안 충청지역에서 그에 필적할만한 리더가 과연 몇 명이나 배출되었는지 의문이 든다. 그리고 동일한 물음을 21세기 한국사회에도 던질 수 있을 것이다. 눈부신 경제성장과 민주주의의 제도적 성취에도 불구하고 사회의 리더 그룹과 기득권층을 향한 비판의 시선이 어느 때보다 매섭다. 과거 운정 같은 큰 인물이 보여주었던, 사무사思無邪에 입각한 리더십과 리더정신leaderspirit이 오래전에 자취를 감추어 버린 까닭이다.

21세기 한국 사회에서 진실로 필요한 과제는 리더의 수준을 꾸준히 높이는 노력일 것이다. 훌륭한 리더의 등장과 활동은 그가 지닌 개인적 역량이 발휘된 결과이기도 하지만, 더 근본적으로는 자신이 속한 사회와 그 사회에서 진행된 교육의 산물로 보아야 한다. 정치의 수준은 국민의 수준에 비례한다는 속설이 있듯이, 리더의 수준 역시 그가 속한 사회와 교육의 수준에 의해 결정된다고 보는 것이 타당할 것이다. 따라서 한 사회의 리더에 대한 기대치를 상향 조정하거나 역할 행동을 강화시키는 노력은, 구성원에 대한 체계적인 교육을 통해 사회 전반의 의식수준을 끌어올리는 작업과 연결되어야 한다. 리더스피릿연구소가 이미 여러 해 전부터 '충청의 리더스피릿' 시리즈를 기획하였고, 분야별 최고 전문가로 구성된 집필진의 헌신과 노력을 토대로 첫 번째 도서인 『운정 성락서의 현실인식과 리더스피릿』을 출판하게 된 까닭도 여기에 있다.

『운정 성락서의 현실인식과 리더스피릿』은 총 3부로 구성되어 있다. 1부는 '공공성과 리더스피릿'이다. 여기서는 운정이 중장년기에 공적인 활동을 전개하면서 보여준 리더로서의 면모를 상세히 소개하고 있다. 특히 독자들은 그가 조국 광복 이후 제헌 국회의원, 도지사, 대학 총장 등으로 활동하며 실천했던 리더정신의 정수精髓를 확인할 수 있을 것이다. 2부는 '유학과 리더스피릿'이다. 운정은 젊은 시절부터 수불석권手不釋卷의 자세로 다양한 학문을 섭렵하였으나, 사상의 근저에는 항상 유학이 놓여 있었다. 이 점은 운정의 언행과 글을 통해 확인 가능할뿐만 아니라, 그가 성균관장으로서 단계적으로 제시한 공유비전('양심사회 건설과 유가유신론')을 통해서도 명확히 드러난다. 2부에서 독자들은 운정이 추구했던 유학의 혁신적 미래상이 어떤 모습이었는지 새롭게 확인할 수 있을 것이다. 3부는 '운정의 학문 세계'이다. 다재다능했던 운정은 예술에도 일가견一家見이 있었으며, 특히 아악雅樂에 조예가 깊었다. 운정은 청년 시절 오랫동안 이왕직李王職에서 활동한 바 있는데, 이 시기에 우리 민족의 전통음악을 체계적으로 정리한 최초의 통사通史인 『조선음악서朝鮮音樂書』를 집필하였다. 3부에서는 이 저술의 특징과 역사적 의의를 국내 최초로 밝히고 있다. 또한 운정이 제시한 새로운 유학의 내용을 담고 있는 '유가유신론'을 당시 시대 상황에 대한 분석을 바탕으로 흥미롭게 소개하고 있다.

이 책을 접하는 분들 모두 지난 세기 운정 선생이 보여주었던 리더십과 리더정신의 진면목을 새롭게 배울 수 있기를 바란다. 또한 이 책을 읽는 순간부터는 바로 내가 21세기를 이끄는 리더라는 각오와 자긍심으로 충만하기를 기대한다.

사색과 결실의 계절에,
CNU 리더스피릿연구소장 서영식

『운정 성락서의 현실인식과 리더스피릿』 출간에 즈음하여

충남대학교 리더스피릿연구소가 운정芸庭 성락서成樂緖 선생님의 공적인 삶과 리더스피릿을 체계적으로 조명한 최초의 학술연구서인 『운정 성락서의 현실인식과 리더스피릿』을 출간하게 된 것을 축하드립니다.

격동의 20세기초 충청남도 공주에서 출생한 성락서 선생님은 일제강점기와 대한민국 건국, 한국전쟁, 산업화와 민주화의 시기를 거치면서 충청의 큰 어른이자 선각자로서 정치, 행정, 교육 및 유림에 이르기까지 한국 사회와 지역 공동체가 나가야 할 올바른 방향을 제시해 준 정신적 · 실체적 리더이셨습니다.

운정 선생님은 젊은 시절부터 항상 이끌면서 섬기는 리더로서 세상에 임하셨습니다. 보통의 경우 한 영역에서 리더의 역할을 행하는 것과 달리 우리는 선생님이 매우 다양한 분야에서 활약하셨음을 뚜렷이 기억하고 있습니다. 제가 선생님을 생각할 때 가장 먼저 떠오르는 기억은 초등학교 졸업식에서 도지사상을 주셔서 어린 학생들에게까지 꿈과 희망을 심어준, 애민愛民 정신에 투철하고 탁월한 능력을 지닌 행정가의 모습입니다.

운정 선생님은 3대 충청남도 도지사(52.9-54.9)로 재임하시면서 도민의 민생안정과 재활을 위해 혼신을 다하셨을 뿐만 아니라, 정신적으로 애국애족과 공동체 의식 함양 그리고 인재교육에 심혈을 기울이셨습니다.

특히 운정 선생님은 전란의 와중에 대한민국 최초의 도립대학으로 출범한 충남대학교의 총장직을 겸직하시면서 충남대학교 후원재단을 설립하여 도민들의 후원을 선두에서 이끄셨습니다. 이 과정에서 선생님은 학교부지를 새롭게 확보하고, 한국학을 중심으로 한 대학 특성화의 큰 방향을 제시하는 등 충남대가 안정적으로 뿌리내리고 성장할 수 있는 토대를 마련하셨습니다.

운정 선생님이 리더로 활동하신 영역은 단지 지역사회에만 국한되지 않았습니다. 대표적인 것으로 선생님께서는 한국의 유학과 유림계 전체를 대표하는 성균관장직을 6년에 걸쳐 세 번 연임하셨습니다(1970.6-1976.6). 선생님은 성균관장 재임 당시 20세기에 부합하는 유학의 새 모습을 제시하는 차원에서 '유가유신론'儒家維新論을 제창하고 '윤리선언'倫理宣言을 발표하셨습니다. 이러한 활동은 당시 유림계는 물론이고 세간에서도 큰 반향을 일으켰던 것으로 기억합니다.

운정 선생님께서 80여 년의 생애 가운데 신조로 삼았던 실천철학을 한마디로 요약해 보면 아마도 지행합일과 정성을 다하는 마음가짐이라고 감히 말씀드릴 수 있을 것입니다. 선생님은 당대 최고의 엘리트 지식인이면서도 동시대의 상류층 그룹이 흔히 빠지곤 했던 공리공담이나 탁상공론을 철저히 배격하였으며, 이상은 높이 세우되 항상 현실을 정확히 인식하고 그 안에서 성취해야 함을 강조하였고 또한 실천하셨기 때문입니다.

운정 선생님께서 타계하신 후 어느덧 40여 년, 20세기를 지나 21세기도 한참이나 세월이 흘렀습니다. 그럼에도 오늘 우리가 운정 선생님을 새롭게 조명하고 그리워하는 이유는, 이 시대에 충청지역사회는 물론이고 한국 사회에서 진실로 필요한 것은 선생님 같은 큰 인물이 보여 주었던 사무사思無邪에 입각한 리더십과 리더정신이기 때문입니다.

이번에 충남대학교 리더스피릿연구소가 중심이 되어 선생님이 남긴 공인으로서의 업적과 학문 세계를 심층적으로 조명하였으며, 나아가 선생님의 고결한 인품까지 엿볼 수 있는 전문 학술연구서가 발간되어 기쁘기 그지없습니다.

이제 독자들은 이 저술을 통해 선생님의 높은 뜻과 리더 정신을 간접적으로 체험하게 될 것이며, 나아가 선생님처럼 헌신적이며 탁월한 지도자가 되겠다는 각오로 충만할 것임을 믿어 의심치 않습니다.

2023. 7.

前 충청남도 도지사 심 대 평

이 시대의 "선비리더십"을 찾아서

33년간 대한민국의 공무원으로 일하면서 참 행복했습니다. 그런데 저만큼은 행복해하지 않는 제 주위의 동료나 후배들이 의외로 많다는 것을 알게 되었습니다. 이후 오랫동안 공적 분야에서 봉사하는 모든 분이 행복할 수 있으려면 무엇이 필요할까? 고민해왔습니다. 그 답을 저는 '선비정신, 선비의 삶'에서 찾았습니다.

선비는 수기치인修己治人의 삶을 사는 사람입니다. 선비의 삶에서 수기는 필요조건이고 치인은 충분조건이라 할 수 있습니다. 그러나 금융위기, 코로나 팬데믹, 기후변화 등 전지구적 위기와 함께 공공 리더십에 관한 담론이 다시 표출되는 시대적 상황에서 저는 치인에 보다 주목하고 싶습니다.

치인은 공동체를 위해 봉사하는 것입니다. 유교의 지식인인 선비가 공부하는 목적은 제대로 배우고 자신을 잘 닦아서 세상을 위해 봉사하기 위해서입니다. "치인을 하지 않고 자신의 영달을 위해서만 공부한 것을 써먹는다면 그것은 소인"이라고 공자는 일갈합니다.

유교를 제외하고 인류의 어떤 큰 가르침도 공부하는 목적을 개인의 행복을 넘어 사회의 행복에까지 두지 않았습니다. 오직 유교의 이상적 인격체인 선비만이 수기와 치인을 겸함으로써 공익 실현을 위해 헌신하는 행동하는 지식인이었습니다.

사람은 "하고 싶은 일을, 해야만 하는 일을, 스스로 해냈을 때" 행복합니다. 우리는 '하고 싶은 일'을 하면서 사적 행복Private Happiness을 충족시키고, '해야만 하는 일'을 하면서 공적 행복Publid Happiness을 충족시킵니다. 인간이 동물과 다른 점은 사적 행복만으로는 진실로 행복할 수 없다는 것입니다. 사적 행복과 공적 행복이 결합하여야만 행복이 완성되기 때문입니다.

공적 행복을 실현하는 가장 좋은 방법은 치인하는 것입니다. 즉 선비로 살아가는 것입니다. 선비의 삶은 이 사회를 위해 꼭 필요한 의미있는 일을 하면서 보람을 느끼는 인생 여정이기 때문입니다.

공적 가치를 위해 봉사할 수 있다면 우리는 누구나 치인하는 선비의 삶을 살 수 있고 그래서 행복할 수 있습니다. 특히 공무원은 공익을 위해 일하고 있으므로 이미 치인하는 선비입니다. 그래서 저는 공무원을 비롯한 모든 사람이 선비의 삶을 살아낼 때 개인도 행복하고 사회도 행복할 수 있다고 생각합니다.

그러므로 이제 우리는 사적 행복만을 위해 몰두하는 세상에서 참선비의 삶을 통해 공적 행복의 인생 여정 살아낸 이 시대의 리더를 찾아내야 합니다. 우리에게 닥친 문제를 해결하는 좋은 방법은 먼저 살면서 같은 문제를 극복한 선인들의 발자취를 돌아보고 따라 해 보는 것이기 때문입니다. 힘든 세상에서 그렇게 살아낸 분이 계신다는 것을 아는 순간 나도 해 볼 수 있다는 희망이 생깁니다.

운정 성락서 선생님은 수기치인의 삶을 통해 진정 행복하게 한세상 살다 간 참선비입니다. 수기의 측면에서 보면 보통사람은 엄두도 내지 못할 정도로 치열한 자기완성의 공부를 하셨습니다. 무엇보다 중요한 것은 그 공부한 것을 사적 행복을 위해 쓰지 않고 오로지 치인을 위해 쓰셨습니다. 일제강점기와 대한민국 출범의 혼란기에 일신의 편안함 대신 공직의 고단함을 택함으로써 선비의 삶을 완성하셨습니다. 이를 통해 평생 참선비로 사는 것이 가능하며, 또 그렇게 사는 것이 행복한 삶이라는 것을 명백히 입증하셨습니다. 참선비로 산다는 것이 쉽지는 않지만 운정 선생님이 해냈기에 감히 저도 할 수 있지 않을까 하고 조심스레 욕심을 내 봅니다.

이 시대에 꼭 필요한 "선비리더십"을 보여준 운정 선생님의 리더스피릿을 이토록 잘 정리하신 서영식 교수님을 비롯한 집필진에게 경의를 표합니다. 이 책이 세상을 밝히는 큰 등불이 되기를 바라며 출간을 진심으로 축하드립니다.

한국유교문화진흥원장
前 행정안전부 차관
효우정(孝友亭) 정 재 근

운정 성락서 총장님의 높은 뜻과 업적을 기리며

이번에 리더스피릿연구소가 기획한 『운정 성락서의 현실인식과 리더스피릿』 출간을 충남대 구성원 모두의 이름으로 축하드립니다.

운정 총락서 총장님은 1952년 중반 충남대학교가 도립대학으로 개교할 당시부터 수년 동안 리더로 활동하시면서, 학교가 안정적으로 뿌리내리고 성장할 수 있는 토대를 마련하셨습니다. 당시 충남대는 한국전쟁 와중에 설립된 터라 인력도 자원도 예산도 모두 부족한 상황이었습니다. 심지어 변변한 교사校舍조차 없어 주변의 공공건물들을 빌리거나 도청 내 창고에 가마니를 깔고 수업을 진행해야 하는 열악한 형편이었습니다. 이러한 상황 속에서 성 총장님은 충남대가 중부권 최초의 현대식 고등교육기관이라는 자부심을 유지하고, 나아가 전란으로 피폐해진 교육사업의 재건을 위한 전초기지가 될 수 있도록 불철주야 매진하셨습니다. 개교 이래 70년의 세월을 거치면서 충남대가 중부권 최고의 거점 국립대학으로 거듭나는 과정에는, 개교 당시 성 총장님을 중심으로 한 선배들의 피와 땀이 스며들어 있음을 반드시 기억해야 할 것입니다.

성 총장님께서 재임 중에 쌓은 업적 가운데 외형적인 면에서 특히 주목할만한 점은, 전란의 애로사항을 극복하면서 캠퍼스 부지(대전시 중구 문화동)를 선정하고 공사를 이루어낸 것입니다. 주지하듯이 충남대

문화동 캠퍼스는 1980년 초반에 대덕캠퍼스로 이전하기 전까지 30년 세월 동안 충남대의 중심이었으며, 현재도 의학 · 간호학 계열의 교육과 연구가 진행되고 있습니다. 그렇지만 성 총장님이 대학의 외형을 갖추고 양적인 면에서 크게 성장시킨 일보다 더 중요한 업적은, 대학 본연의 역할이 바람직한 정신문화 창달에 있음을 인지하고 이를 실천에 옮기는 작업을 주도하신 점입니다. 즉 성 총장님은 충남대를 국내 인문학 연구의 본산으로 만든다는 계획에 따라 문학 · 역사 · 철학 분야의 연구와 교육을 대폭 강화하였으며, 특히 한국학 연구 관련 서적과 자료의 수집에 전력을 기울이고 전국 각지의 우수한 학자들을 초빙함으로써 이후 상당 기간 이어져 온 학내 인문 전통 형성의 산파 역할을 하셨습니다.

초창기 충남대의 기반을 마련하셨을 뿐만 아니라 충청지역의 큰 어른으로 자리하셨던 성 총장님이 우리 곁을 떠나신 지 벌써 수십 년의 세월이 흘렀습니다. 사실 늦은 감이 없지 않지만, 이제라도 성 총장님의 고귀한 인품과 학문적 업적, 그리고 리더정신을 기리는 공동연구물을 간행하게 된 점 기쁘게 생각합니다. 『운정 성락서의 현실인식과 리더스피릿』은 비단 충남대 구성원뿐만 아니라, 21세기를 살아가는 많은 독자제위께 진실하고 고결한 삶은 어떠해야 하는지, 그리고 사회적 존재인 인간이 세상에서 어떻게 가치 있는 활동과 업적을 남길 수 있는지 깨닫게 해주는 나침반이 될 것을 믿어 의심치 않습니다.

계묘년(癸卯年) 가을,

충남대학교 총장 이 진 숙

PART 1

공공성과 리더스피릿

운정 선생의 충청남도지사 취임 1주년 기념 촬영 (1953년 9월 13일)

운정 성락서의 공공활동 리더십

이정우

1. 지성인 리더십의 실천가 운정 성락서

한국전쟁 이후 한국 현대사의 시기에 대전지역에서 활동한 지성인을 찾아 그의 리더스피릿 혹은 리더십을 고찰하는 것은, 그 인물에 대한 새로운 조명뿐 아니라 20세기 이 지역의 역동성과 정신적 가치를 되살려내는 의미 있는 작업의 하나로 판단된다. 특히 대전이라는 도시가 전근대의 회덕현과 진잠현 그리고 공주목의 일부 지역으로 편성되어 세상에 그렇게 알려지지 않은 지역이었고, 근대 이후 일제에 의해 새롭게 건설된 식민도시로서의 성격이 강한 가운데 한국전쟁으로 말미암아 일제가 만들어 놓은 근대사의 역사적 흔적마저 대부분이 파괴되었다. 이런 점에서 성락서라는 인물에 대한 고찰은 리더스피릿 차원에서 새로운 의미를 발견하는 것으로서 주목할 만한 소재가 될 수 있다.

그는 일제강점기에 중앙불교전문학교 강사, 이화여자전문학교 교수를 지냈고, 해방 후에 대전보문중학교 교장, 제헌국회의원을 지냈으며, 한국전쟁 과정에서 충청남도 도지사와 충남대학교 총장서리, 그리고 1970년대 재단법인 성균관 이사장, 성균관장을 지냈다. 그가 활동한 영역은 주로 교육과 행정을 중심으로 한 공공부문이었다. 그가 공공부문 활동에서 리더십을 발휘한 내용을 고찰해 보면 이 시기 지성인의 삶의 모습과 해방 이후 한국전쟁의 극복, 그 이후의 새로운 나라 만들기 과정의 내용을 조금이나마 이해할 수 있다. 그런 점에서 한국전쟁 과정에서의 지방행정, 지방 국립대인 충남대학교의 건립, 대표적 유학기관 성균관의 운영과 복원은 중요한 사례이다. 이 과정에서 새로운 유학활동과

새로운 윤리 가치관에 대한 그의 실천적 활동을 고찰하는 것은 의미있는 작업이 될 것이다.[1]

2. 생애와 주요활동

성락서의 아호는 운정芸庭이며 본관은 창령昌寧으로 1905년 6월 23일 공주시 반죽동에서 출생했다. 아버지는 보영(普永, 예포공芸圃公, 1877-1942)이고 어머니는 남원윤씨(1873-1946)로, 1남 3녀 중 둘째로 태어났다. 1988년 10월 16일 대전에서 생을 마쳤으며 묘소는 세종시 금남면 달전리 산68번지에 있다. 그의 아버지 성보영은 세상에 드러나 있지는 않지만, 일제 식민강점기에 독립운동가 이시영을 따라다닌 민영순閔泳舜을 통해서 광복군과 만주군관학교에 독립자금을 제공한 사람이었다.[2] 성보영은 한호농공은행에서 이만 원을 빌리고 집에 있던 만원을 합쳐 모두 삼만 원을 마련해서 광복단에게 전달했는데, 이것으로 인해 뒤에 집안 살림이 어려워지기도 했다. 성보영이 독립자금으로 제공한 금액은 당시에 쌀 한 말이 30전 정도였던 것을 기준으로 보면 쌀 일만 가마니 값이었다고 한다.[3]

성락서는 1920년 3월 공주공립보통학교를 졸업하고, 1925년 3월 경성제일고등보통학교를 졸업한 후, 같은 해 경성제국대학(현재 서울대학교) 예과에 입학하고, 1930년 3월 경성제국대학 법문학부 사학전공으로 졸업했다.[4] 이해 졸업할 때 졸업 우수논문으로 3편이 선정되었는데 그 중에 그의 논문도 포함되어 있었다. 졸업논문은 「참위사상이 한국역사에 미친 영향」이었다. 이 논문은 후에 이마니시今西龍 교수가 일본으로 가져가기도 했다.[5] 경성제대를 졸업하던 해 중앙불교전문학교(현재 동국대학교) 강사, 1932년 이화여자전문학교(현재 이화여자대학교) 교수를 지냈다. 1945년 대전 보문중학교가 설립될 때 초대 교장, 1947년 3월 성균관대학교 학감 등을 지냈다. 1948년 5월 10일 제헌국회의원 선거에 대전 제1선거구에 출마하여 44.40%의 지지로 당선되었다.[6] 이후 1952년 9월 충청남도 도지사, 10월 충남대학교 총장서리를 역임했으며, 1968년 4월 재단법인 성균관 이사장, 1970년 7월 성균관장에 취임해서 1976년 6월까지 재임하였다.[7]

그가 대학을 졸업한 이후의 활동은 교육자로서의 활동, 행정가로서의 활동 등으로 크게 대별된다. 그의 활동 가운데 리더스피릿이 드러나고 리더십이 발휘된 것은 특히 공공부문에서의 활동이었다. 이 방면에서의 활동은 리더로서 사회현상에 대한 인식과 대안제시, 공공기관 운영의 철학과 실천, 인문적 가치관과 지도자로서의 실천적 수행 모습에서 잘 드러나 있다.

3. 지방 중흥과 충청남도 도지사로서의 리더십

성락서가 충청남도 도지사로 임명된 것은 이승만이 2대 대통령이 된 후였다. 지방의회가 창설되고 (1952년) 7월 하순에 정・부 대통령 선거를 실시한 후 이승만이 제2대 대통령에 당선되었고, 지방의회가 창설되었다. 그런 과정에서 이승만은 그 지방 사람이 그 지방 행정책임자가 되어야 한다고 판단을 하여 도지사로 충남 출신의 인물인 성락서를 임명하였다. 성락서가 충청남도 도지사로 임명받은 것은 9월 7일이었고, 대전에서 취임한 것은 9월 13일이었다.[8] 성락서는 도지사가 되면서 도정의 운영을 추진하는 기본적인 방향으로 지방자치제도 실천, 공무원에 대한 인적 쇄신 그리고 재정 운영의 안정과 산업기반의 육성으로 정하고 자신의 리더십을 보였다.

3.1 지방자치

충남도정으로서 지방자치는 성락서가 지방행정의 중요한 첫 번째로 꼽은 과제였다. 그가 제시한 지방자치는 6.25 전쟁이라는 전쟁 상황에서 지방자치 제도를 실천한 것이어서 주목된다.

성락서는 지방자치법이 실시되기는 했지만 자치제도의 체제만 갖추었을 뿐 실제적으로 제도의 근본 취지에 부합할 말한 실현은 이루지 못하고 있다고 진단했다. 그래서 그는 한국전쟁이라는 특수한 상황이 전개되었지만, 주민이 지방자치를 해나갈 수 있도록 최대한 행정적 토대를 조성하고자 했다. 도를 비롯하여 시 · 읍 · 면에 이르기까지 완전한 자치제도의 실제적 효과를 발휘할 수 있게 의결기관과 집행기관과의 의사소통을 도모하고, 그 운영을 원활하게 해 나갈 뿐 아니라 그런 가운데 주민의 의사가 충분히 반영될 수 있도록 했다.[9] 그가 이렇게 지방자치를 실시하고자 한 것은 주민에게서 권한이 나온다는 지방자치의 근본적인 것을 인식하고 그것을 제대로 구현하고자 한 리더십의 실천이었다.

3.2 인적쇄신

성락서가 제시한 충남도정에 대한 기본적인 인식은 도정을 실천하는 공무원 당사자들에게 자신의 이념을 설파하고 또 공적 조직사회를 개혁하는 것으로 나타났다.

그는 도지사가 된 후 먼저 인사개혁을 단행했다. 도지사에 취임하여 도내 전역을 돌아보고 지역의 군수 두 명을 사임시키고 사무관 두 명을 승진시켰다. 그가 그렇게 한 것은 해임된 군수가 일제 때의 군수처럼 군민에게 군림하려 했기 때문이었다.[10] 곧 군민에게 군림하는 권위적인 사람은 과감하게 정리하고, 군민을 위해서 열심히 일하는 사람은 승진을 시켜서 군민이 중심이 되는 민주주의를 구현하고 싶었던 것이라 할 수 있다.

또 그는 공무원이 스스로 자기개발을 하여 질적 향상을 이루도록 했다. 공무원에게 스스로 자신의 지성을 도야하기 위한 기회를 부여하고 실무를 습득하게 하기 위해 수시로 교양강습회를 개최하고 정신교양은 물론 기타 일상 실무에 필요한 실질적인 실무교육을 실시했다. 공무원을 신규 채용할 경우나 승진할 경우에도 반드시 시험을 실시하여 실력 있는 사람을 선발하고 이를 통해서 공무원의 자질을 향상시켰으며, 지

방공무원의 교육기관인 일종의 '지방공무원교육원地方吏員養成所'을 부활시켜 설치하고자 했다.[11]

3.3 재정운영 안정과 산업진흥

한국전쟁으로 인해 지방재정이 파탄될 정도의 상황이전개되는 어려운 상황에서 성락서는, 지방재정의 안정성을 높이고 지방재정 운영을 쇄신했다. 우선 지방재정의 자주성을 확립하기 위해서 세원 발굴의 원천이 되는 소득이나 재산의 파악을 정확히 하고 과세의 공평한 징수를 제창했으며, 당장 급하게 지출하지 않아도 될 재정 지출은 강력하게 억제하여 도정 운영을 위한 경비 부족 상황을 타개하자고 했다.[12] 그렇게 해도 부족한 지방 세수는 최후적인 방법으로 중앙정부와 협의하여 목적세를 신설하도록 했다. 그러면서도 당장 급하게 필요하지 않은 지출은 가능하면 억제하여 재정의 안정을 꾸준하게 유지하도록 했다.[13]

지방재정 부문과 함께 성락서가 도정 가운데 관심을 쏟은 것은 '어떻게 하면 전쟁으로 피폐해진 충남의 산업을 바로 세울 것인가'였다. 그가 산업을 발전시킬 방향 중에서 관심을 가진 것은 섬유직물 공업이었다. 뽕나무를 심어서 그로부터 누에고치를 생산하여 명주실을 만들고 다시 견직물을 생산하는 것과, 목화를 심어서 면포를 생산하고 그것으로 면직물을 생산하는 일련의 1차 소비재 가공 공정과 관련된 섬유 산업진흥 정책을 제창했다.[14] 그다음으로는 축산의 진흥을 제안했다. 그가 인식한 축산이란 국민 식생활의 중심이 되는 것으로 식량 증산의 기반이 되며 인류생활상 필수 불가결한 요소가 되는 것이며, 국민 보건 상으로도 중요한 부문이라고 판단했다.[15] 또 그는 충청남도에 발달한 해안지형을 이용하여 천일제염의 소금생산을 적극 장려하는 제염업의 진흥을 제시했

고, 항만 보수와 어항의 개설 등도 추진하여 어업 부분에서도 백년대계를 구현하고자 했다.[16]

그는 농촌이 번영해야 국가가 융성하게 된다고 확신했다. 그는 농촌이 피폐해진 원인이 재해나 비료 배급 등 객관적인 조건에만 있는 것이 아니라, 농민의 자각과 농촌 지도자의 열정이 부족한 점과 농촌 문제 해결에 대한 적극적인 대책이 마련되지 않은 점이 큰 문제점이라고 판단해서 이것을 타파하고자 했다.[17] 그는 또 도정의 중요한 과제 중 하나로 치산녹화를 선정하기도 했다. 그는 황폐된 산림이 국토보존과 민생에 큰 영향을 미친다고 판단했다. 그래서 그는 적극적으로 산림 녹화운동을 전개하는 한편, 나무 대용 연료의 보급으로 산림 보호정책을 수립하였다. 산림녹화를 위해서 중앙정부와 협조하여 묘목의 생산, 조림과 사방사업을 확충했고, 연료로서 나무 대신 무연탄과 토탄 생산을 촉진 시키고, 도민들이 대용 연료를 사용하도록 집중적으로 계몽을 실시했다.[18]

4. 교육에 대한 인식과 충남대학교 기반 설립의 리더십

성락서의 교육과의 인연은 대학을 졸업한 후부터 지속적으로 있었다. 그런 점에서 그가 교육행정에 밝고 교육의 미래에 대해 나름대로 탁견을 가지고 있었던 것을 짐작할 수 있다. 그는 경성제국대학에서 본과를 1930년 3월에 졸업한 후, 같은 해 설립된 중앙불교전문학교에서 4월부터 한국 유학사, 한국 문학 강독, 한국 사상과 신앙사를 강의 하는 강사 생활을 2년 동안 하였다.[19] 그런 뒤 1932년 4월부터 1939년 3월까지 이화여자전문학교 사학과 교수로 있었는데 당시에 한국 역사를 강의하면서 한국어로 강의한 것이 화근이 되어 교수직을 사임하였다.[20] 그 뒤 1945년 보문중학교가 설립되면서 초대 교장을 역임했고, 1947년에 성균관대학교 학감, 1947년 국학대학교[21]교무처장을 지냈다.[22] 이와 같은 일선 여러 학교에서의 교육자로서의 활동은 교육 부분에 있어서 자신의 리더십을 충분히 발휘할 수 있게 하는 좋은 자산이 되었다.

4.1 일반교육에 대한 인식과 리더십

일반적인 교육부문에 대한 성락서의 인식은 전쟁으로 인한 교사 수의 부족과 학교 건물의 복구, 적극적인 과학교육 주장, 글자를 알지 못하는 일반인에 대한 교육 등에서 두드러지게 나타났다.

전쟁으로 인한 교육여건의 피폐 현상은 충청남도도 예외일 수 없었다. 그것은 첫째 교원 수 부족과 교원의 자질 미달, 두 번째 학교 건물의 부족이 문제였다.

우선 교원 수가 학생 수보다 부족했던 점이 문제였다. 그는 교원수의 부족은 당연히 교원들의 질적 저하를 가져올 것이라 인식했고, 그것은 다시 학생들에 대한 지식 전달의 미흡으로 파급될 것이라고 판단했다. 그래서 그는 교원 수를 늘리기 위해 노력했다. 그런 다음 교원의 질적 저하를 고려하여 교원에 대한 재교육을 실시해서 교원의 자질 향상을 도모했다.

파괴된 학교 건물의 복구도 시급했는데, 건물의 복구는 재정과 관련되는 것으로서 충청남도라고 하는 지방에서 독자적으로 해결하기는 어려운 재정적인 부담이었다. 그래서 학교건물 복구는 중앙정부의 지원을 받아 전쟁 피해 복구 차원에서 점진적으로 복구해 나갔다.[23]

그는 과학교육에 대한 중요성도 인식했다. 그는 국민 교육이란 국민 생활의 기본적인 요소가 되는 것을 교육하는 것인데 그 결과가 직접적으로 민족의 역량 성장으로 나타난다고 생각했다. 그중에서도 국민에 대한 과학교육은 아주 중요한 것이라고 인식하고 과학교육을 진흥시키고자 했다.[24]

그는 글자를 알지 못하여 읽고 쓰지 못하는 문맹의 성인에 대한 교육을 중시했다. 그는 이러한 성인교육의 필요성이 민주정치 실현이라는 정치적인 것과 관련이 있다고 판단했다. 그런 점에서 배우지 못하여 글을 읽거나 쓰지 못하는 사람들을 방치하고서는 민주정치의 실제적인 효과는 이루어 내기 힘들다고 진단했다. 그는 성인 문맹 타파를 위해서 농한기를 유효적절하게 이용하여 '성인반'의 이름으로 '공민학교'를 개설하여 교육을 실시하자고 했다.[25]

4.2 충남대학교 기반 설립과 리더십

성락서는 충청남도 도지사에 취임할 때부터 충남대학교 운영을 후원하고 학교 건물 건립에 대한 구체적인 계획을 수립하고 그것을 전개했다. 원래 충남대학교 설립은 그가 도지사로 부임하기 이전 해부터 추진되고 있었다. 6.25 사변의 전시 상황에서 전시연합대학이 충청남도 도청에서 열렸었고, 이후 1952년 5월 25일 충청남도 도청 차고에서 당시 충청남도 도지사인 진헌식[26]지사가 도립대학으로 창설했던 것이다. 그러나 진헌식 도지사가 1952년 8월 28일 내무부 장관으로 전출하고,[27] 그가 1952년 9월 13일 충청남도 도지사에 취임하게 되면서 충남대학교 운영 그리고 건물 건립과 관련된 모든 과제는 그가 계승하게 되었다.[28]

그는 도지사에 취임하자마자 명칭 간판은 걸렸으나 재정적 어려움으로 운영난을 겪던 충남대학교를 위해서 '후원재단'을 조직하였다. 이 조직을 통해서 충남대학교가 훌륭한 학교가 되도록 전력을 기울여 돕고, 국가적 긴급과제인 젊은이에 대한 교육을 유기적으로 실시하여 젊은이의 자질 향상을 도모하여 전쟁 상황을 극복하고자 했다.[29] 이러한 그의 충남대학교에 대한 관심과 배려는 1952년 10월 16일 충남대학교 총장서리를 맡게 되면서 더욱 본격화 되었다.

그가 총장서리가 되면서 해결해야 할 제일 중요한 과제는 충남대학교 부지확보와 교사 건립이었다. 처음에 충남대학교 부지로 선택된 곳은 최종적으로 건립된 부지가 아니었다. 원래 부지로 정했던 곳은 국방부 육군 본부가 가지고 있던 군부대 땅이었다. 학교 부지를 마련하기 위해 군 관계자와 계속 교섭하여 거의 성사 단계까지 갔었지만 그 부지를 군부대가 꼭 사용해야 했기 때문에 학교 부지로 줄 수가 없다고 하여, 할 수 없이 군부대 뒤쪽의 산 아래쪽에 대학교 부지를 정하게 되었다.[30] 이

렇게 해서 대전시 중구 문화동과 대사동에 걸친 지역에 충남대학교 보운캠퍼스 부지가 마련되었다.[31]

그런 한편 그가 조직한 충남대학교 후원재단에서는 서산군 고북면 소재 간석지 중에서 90정보(27만평)를 염전으로 만드는 계획을 세우고 공사 소요 자재로 석회, 목재, 석재 등 모든 준비를 완료했다. 1954년 봄 3월부터 방조제 축조와 염전 내부공사에 착공하여 1954년 가을에는 대략 준공을 하고, 1955년 이후부터는 소금을 생산하여 그것을 대학 운영 재정으로 삼아 학교 운영에 안정을 기하고자 했다.[32]

충남대학교 부지확보와 교사 신축 그리고 안정적인 재정의 확보를 만든 다음에 그가 추진하고자 했던 것은 충남대학교를 도립대학교에서 국립대학교로 전환하는 것이었다. 그렇게 추진한 가장 큰 이유는 학교 운영의 재원확보를 쉽게 하고자 했기 때문이었다.[33] 그러나 이러한 그의 노력은 쉽게 이루어지지 않았다. 충남대학교가 도립대학에서 국립대학으로 이관된 것은 6.25 전쟁이 종전된 지 몇 년 뒤의 일이었다.[34]

학교 부지를 확보하고 교사 건물을 건립 후 성락서는 충남대학교의 운영과 관련해서 충남대학교를 한국학 연구의 중심 대학으로 만들고자 했다. 그는 충남대학교 만의 특색을 만들기 위해 충남대학교 도서관에 우리나라에서 출판된 한문 서적은 모두 수집하고자 했다. '우리나라 역사 문화, 철학에 관한 서적은 충남대학에 있다'라는 소리가 나게 하자는 것이 그의 목표이었다. 그는 충남대학교의 특성을 한국학에 역점을 두어 한국학에 대한 한국 고서적을 수집하여 그것과 관련된 책을 수집했던 것이다.[35]

5. 성균관 쇄신과 새로운 유학, 윤리운동의 리더십

성락서는 1954년 9월 27일 도지사를 그만두고 이어 충남대학교 총장 서리도 그만두었다. 그런 다음 1955년 충청남도 향교재단 이사장이 되면서 유학단체와 인연을 맺은 후, 1968년 4월 재단법인 성균관의 이사장이 되었다. 성균관 이사장이 되면서 그의 유학부문 활동이 본격적으로 나타났다.

5.1 〈유림월보〉 간행과 성균관 쇄신

성균관 이사장으로 부임하자마자 그는 성균관의 소식지인 〈유림월보〉를 발행하였다. 이전에 성균관의 기관지로 〈유림시보〉가 있었지만 폐간된 것을 새롭게 간행한 것이었다. 그가 새롭게 성균관의 소식지를 만든 것에는 두 가지 목적이 있었다. 하나는 세계의 움직임을 통찰하며 세계 속 한국의 동향을 파악하고 정신문화의 발전을 기하여 민족의 주체이념을 정립하기 위해 '유림사회의 목탁'으로 발행하는 것이었고, 다른 하나는 유학 정신을 최고로 발휘하자는 것이었다.[36]

재단법인 성균관 이사장을 맡고 2년 정도 지난 1970년 7월 4일 그는 성균관장으로 취임하였다.[37] 성균관 이사장과 성균관장을 겸하게 되면서 그는 유학의 외적인 모습과 내적인 모습을 새롭게 하자고 제안했다. 우선 내적인 모습으로 유학자들이 옛것을 지키고 세상을 외면한 채 폐

쇄적으로 살던 모습과 일제 식민통치에 순응하지 않기 위해 고집했던 비타협적 태도가 해방이 된 이후에도 습관적으로 굳어진 문제점을 지적했다. 외적인 모습으로 그는 일반 사람들이 유학자들은 늙고 병들고 완고한 습관에 젖어 있는 사람들이라고 인식하고 있는데 이것은 잘못된 것이라며, 일반인들이 그렇게 인식하게 된 그 책임은 유학자 스스로에게 있다고 진단했다. 유학자는 이러한 잘못된 일반인의 인식을 씻기 위하여 스스로 반성하고 자진해서 자기의 모습을 바꿔야 한다고 주장했다.[38]

유학자에게 행동하는 모습을 촉구한 성락서는 유학의 인재를 양성하는 방법으로 '유학자훈련원'을 개설하고자 했다. 유학자훈련원은 유학자들의 실천적인 자세를 훈련하는 기관인데, 중앙에서 약 300명, 지방에서 분산적으로 약 2,500명을 선발하여 훈련을 시키고자 했다. 이렇게 유학자 인재개발원이 만들어져 유학자들이 훈련된다면, 유학자들은 '수신제가치국평천하'라는 유학 본래의 사명을 확실히 실천할 것이라 자신했다.[39] 그는 유학자훈련원을 통해서 유학적 인본주의를 실천하는 인재들이 양성될 것이라고 확신했던 것이다.

5.2 새로운 유학운동

성락서는 성균관장으로서 1970년 7월부터 9월까지 세 차례에 걸친 『유림월보』의 논설에서 「유가유신론」이라는 논설을 게재했다.[40] 그가 제시한 「유가유신론」은 『시경』이나 『서경』 속에 등장하는 '유신維新'의 개념과 연결되는 것으로, 기존의 것을 새롭게 한다는 의미이다.[41] 곧 그가 제시한 유신이란 것은 기존의 유학을 새롭게 하자는 논지의 글이었다.[42] 이것은 당시의 유학자들이 삼강오륜을 입으로만 외우고 있던 것을 쇄신하여 근대화된 유학 정신과 새로운 이론을 몸소 체득하여 보다 적극적이며 전진적인 자세로서 실천하는 유학을 제시한 것이었다.

새로운 유학과 관련된 첫 번째 글(1970.7.25.)에서 그는 "시간은 흐르고 시대는 변하다."[43]고 전제하면서, 기존의 유학도 변해야 한다고 주장했다. 그는 유학이 한반도에 전래 된지 오래되어 유학이 우리 민족의 풍속으로 스며들어, 조선왕조 오백 년간의 정치 수단이 되기도 했지만 이것은 지나간 시대의 일이라고 단언했다. 그러면서 그는 '온고지신'이라는 옛말을 돌이켜 새로운 시대의 길로 용감하게 진군하여야 한다.'라고 했다.[44]

두 번째 글(1970.8.25.)에서 그는 중국 중심의 질서에 대한 사대주의를 극복하고, 해방 후 물질 문화를 기반으로 한 서구사상에 대한 사대주의를 극복하자고 했다. 그는 주장했다. "우리의 조상들은 유학을 숭상한 나머지 우리나라에서 예부터 내려오던 풍물보다는 중국의 것을 더 좋아하고, 우리의 국토보다도 중원中原이니 대국大國이니 하여 중국 땅을 더 우러러보았을 뿐 아니라 그러한 사고방식이 지성인의 자세인 양 했다. 그러나 그러한 것이 결국 나라가 망하는 것으로 직결되었던 것을 우리는 잘 알고 있다."[45]라고 하여 조선시대의 유학자들이 자기 나라에 대한 자부심과 자긍심보다는 중국의 것을 더 선호하는, 자주적이지 못하고 자존적이지 못한 사대주의 태도를 비판했다.

세 번째의 글(1970.9.25.)에서 그는 '유학을 어떻게 새롭게 할 것인가'라는 방법을 제시했다. 그는 '사서삼경을 공부하되 글의 뜻을 알지 못하고 오직 읽기만 잘하는 것에 그치지 않아야 한다. 공부의 근본 목표는 경서를 읽음으로써 경서 속에 흐르고 있는 진리와 충절을 배우고 닦아 기르는 데 있다.'라면서 동양 사상의 원리를 여기서 찾아내고 인격도야의 방법과 사회교화의 모습을 찾아내야 한다고 했다.[46]

그는「유가유신론」을 통해서 유학자와 국민에게 새 정신과 새 기백을 불어넣고자 했다. 성락서는 유림의 큰 깨달음을 촉구하고「유가유신론」을 높여서 용기를 갖고 분연히 일어나서 유학을 쇄신하여 부흥하게 하자고 했다. 그는 자신이 제기한 새로운 유학을 바탕으로, 유학계에 새로운 정신을 깨워 유림을 새롭게 하고 그것을 바탕으로 국민에게 새 정신과 새 기백을 불어넣자고 했던 것이다.

그가 제시한 새로운 유학운동은 당시의 유학자들이 삼강오륜을 입으로만 외우고 있던 것을 쇄신하여 근대화된 유학정신과 새로운 이론을 체득하여 보다 적극적이며 현실적인 자세와 진취적인 기상으로 현실에 참여하는 실천적인 유학이었다.

5.3 실천적인 윤리운동

성균관장으로서 성락서의 새로운 유학운동은 윤리운동 전개로 새로운 분위기를 맞게 되었다. 그의 윤리운동은 유학자의 관망적이고 소극적인 사상을 새롭게 하고 외래문화에 대한 사대적인 사상을 고쳐서 자기 주도적인 사상으로 나가게 하는 것이었다. 그는 1973년 10월 3일「윤리선언」을 발표하기 이전부터 도덕성 회복의 필요성에 대해 자신의 인식을 가지고 있었다.

그는 이미 1972년 4월 25일, 경제문제 이전에 중시되어야 할 것으로 사회 정의의 구현, 윤리 수준의 향상을 강조했다. 중공업을 발전시키고 농어촌을 개발하는 것은 경제, 사회의 정책이지만 양심과 정의가 정당히 평가되고 그 평가에 따르는 질서와 기회가 정당하게 배당되는 공정公正의 원칙이 모든 정책의 기본이 되어야 한다고 했다.

이러한 윤리에 대한 생각을 정립한 다음, 여섯 차례에 걸친「윤리선언」·「윤리회복」·「윤리실천」의 윤리운동을 제창했다. 윤리운동으로 제일 먼저 등장한 것은 1973년 8월 29일의 「윤리선언」이었다. 그는 인간은 존엄하고, 인류 가운데 한민족이 제일 존엄하다고 자부한 뒤, 이러한 자부심을 바탕으로 세계로 나아가는 인류공영의 철학으로 윤리운동을 전개하고자 했다. 그러면서 실천 과제로서 '극기克己'와 같은 수양을 통해서 윤리를 완성해 가야 한다고 했다.[47] 그는 윤리란 유학자 자기 스스로와 관련되어 있는 것임을 강조했고 주체적인 입장에서의 주관적인 것임을 역설했다.

곧이어 그는 「생활윤리선언」을 발표했다(1973.10.3.). 이 선언에서 그는 '생존과 번영 그리고 새로운 가치를 창조하기 위해서는 필연적으로 낡고 부정적인 것은 과감히 버려야 한다. 변혁이 없이는 새로운 발전이 있을 수 없다. 그렇기 때문에 우리의 모든 사고와 행동의 하나하나가 변혁된 새로운 가치관에서 출발하여야 한다.'[48]고 하여 새로운 생활의 실천윤리를 제시했다.

이듬해로 접어들어 그는 「윤리회복」을 선언했다(1974.3.28.). 그는 '물질 편중의 퇴폐풍조에서 인류를 구제할 수 있는 길은 오직 잃어버린 윤리를 회복하는 데에 있다.'고 했다. '모든 문명은 인간을 위해서 존재하는 인본적 가치인데 이것은 정신문화 면에 있어서 더욱 그러하다.'고 했고, '인본적 가치가 진정하게 발휘될 때에 비로소 사회의 안정, 기회균등, 세계의 평화가 오게 될 것이다.'라고 했다.[49]

이어서 「윤리 실천과제」를 발표했다(1974.5.25.). 이 윤리운동 전개에서 주목되는 것은 경로, 효도의 변화와 관련된 새로운 부모 자식 간의 윤리 제시, 그리고 사회적으로 실천해야 하는 윤리교육의 중요성을 강조한 부분이었다. 그는 『맹자』의 「양혜왕」에 나오는 내용을 인용하며 효의 근본 사상이 경로사상의 근본이라며, '효'를 윤리 실천의 근본 사상

으로 정해야 한다고 하면서도, 세상이 변한 것에 따라 그 방식도 변해야 한다.'고 했다.[50]

계속해서 성락서는 「윤리입국의 이념」을 발표했다(1974.10. 25.). 이것은 크게 두 부분으로 되어있는데 하나는 자신의 주장한 대로 새로운 윤리를 통해서 새로운 국가적 이념으로 만들자는 것이었고, 다른 하나는 유학자의 수행방식이 대승적인 것으로 변화해야 한다는 것이었다. 그는 현실에 비추어 잃어버린 윤리를 되찾아서 사회의 정의를 세우고 개별적으로 가정생활에서, 대중적으로 사회생활에서, 전체적으로 국가생활에서 정신적인 기초를 확립하고 그 위에 서양 물질 문화의 꽃을 피우자고 했다.[51] 그의 발표는 개인 중심의 소승적 유학 수행에서 사회 중심의 대승적 유학 수행으로 전환할 것을 주장한 것이었다.

이러한 그의 윤리운동의 전개는 성균관장을 그만두는 직전의 시기에 「윤리회복」을 발표하면서 마지막이 되었다(1975.3.25.). 이때 그가 제창한 윤리는 개인의 윤리뿐 아니라 국가와 관련된 윤리였다. 그는 '개인은 자연인으로서, 가정인으로서, 사회인으로서, 국민의 한사람으로서 윤리에 충실해야만 자신의 발전과 국가의 번영을 기대할 수 있다.'고 했다. 이것은 개인이 사회와 국가와 연결된 유기적인 존재임을 분명히 밝힌 것이며, 사회나 국가의 발전에 있어서 개인의 윤리가 중요하다는 것을 강조한 것이었다.[52]

5.4 성균관 정비의 기틀 마련

성락서가 성균관장으로 있던 시기는 성균관의 새로운 번영의 시기였다고 해도 과언이 아니다. 그는 성균관 내부의 조직 정비나 소식지 간행, 철학적으로 새로운 유학운동이나 윤리운동의 전개뿐 아니라, 외형적으로 성균관 건물의 대대적인 수리와 확장을 통해서 새로운 성균관으로 거듭 탄생하게 했다. 그가 관장을 맡기 이전의 시기에는 성균관 내부의 크고 작은 싸움으로 성균관이 편할 날이 없어 성균관 건물관리와 정비에 신경을 쓸 여력이 없었고, 또 정부 당국의 재정 지원을 받아 건물을 정비할 방법조차 제대로 마련하지 못하고 있었다. 그런데 그가 관장이 되면서 처음으로 국가기관인 문화공보부 문화재관리국(현재 문화재청)과 서울시의 지원을 받아 성균관 건물을 새롭게 정비할 수 있었다.

성균관 정비로 이루어진 사업을 보면 1973년에 대성전大成殿, 명륜당明倫堂, 배전拜甎, 신삼문神三門, 존경각尊經閣, 육일각六一閣, 담장墻 일부를 완전 보수했고, 1974년 5월부터 동서재東西齋, 동서무東西廡를 보수했으며, 1975년에 부속 건물을 전반적으로 완전 보수했다. 전체적으로 3년의 계획을 마련하여 성균관을 정비했던 것이다. 이런 정비과정에서 기존에 성균관에 있던 시설물 이외에 현대적인 시설물을 새로 만들기도 했다.[53] 이렇게 하여 그가 성균관장으로 있을 때 성균관은 외형적 모습과 규모에 있어서 그 이전 시기의 것과 확연히 달라진 모습으로 변하게 되었다.

그는 자신이 제창한 새로운 유학과 실천하는 윤리를 바탕으로 성균관 외형을 정비하고 새롭게 만들면서 그것을 실현해 보였던 것이다. 그는 이처럼 성균관의 외형적 정비를 통해서 유학의 발전뿐 아니라 국민에게도 성균관을 알리고 국민과 소통할 수 있게 하는 유학기관으로 성균관을 자리매김하게 했던 것이다.

6. 현대인에게 주는 교훈

성락서는 충청남도 도지사, 충남대학교 총장서리, 그리고 재단법인 성균관 이사장, 성균관장과 같은 공공부문에서 활동하면서 자신의 리더십을 보였다.

그는 도지사로 부임하면서 지방자치를 수립해서 도정을 원활하게 수행할 뿐 아니라 충남 도민과 주민의 의사가 충분히 반영될 수 있도록 했다. 공공조직의 공무원에 대한 인적 쇄신을 통해서 도정이나 군정에 있어서 기존의 틀에 박힌 관행이라는 권위적인 체제를 새롭게 하는 모습을 보였고, 공무원의 사기를 높여주었다. 또 공무원에게 공무를 수행하는 사람으로서의 자세 확립과 자질함양을 제시했다. 지방재정은 절약을 기본으로 운영했으며, 충청남도의 산업진흥을 위해 농업, 축산, 임업 등의 다양한 방면에 걸쳐 노력했다.

그가 도지사로 있으면서 전개한 여러 일들은 현 상태를 변혁하여 바람직한 상태로 나아가게 하고자, 리더로서 자신의 리더스피릿을 구성원들에게 최적으로 제시한 것이었다. 구성원을 자극하여 구성원을 보다 높은 수준으로 끌어올리고 구성원이 더 높은 성과를 올릴 수 있도록 하는 개별적 배려를 실천했다. 또 리더로서 구성원의 현재 상태에 만족하지 않고 새롭게 끊임없이 변화하는 모습을 제시하고, 구성원의 능력을 개발하도록 자극하고 창출하게 하는 지적 자극의 리더십도 전개했던 것이다.

그가 교육활동에 있어서 보인 리더십은 그가 도지사를 하면서 교원의 인원 부족 해결과 교원의 자질 향상 그리고 학교 건물의 재건뿐 아니라 과학교육에 대한 절대적 중요성 인식 이외에도 성인교육으로 문맹 타파를 위한 교육 추진에서 구체적으로 잘 나타났다. 이러한 그의 리더십은 충남도의 도민 구성원들을 개별적으로 다루어 구성원의 욕구에 관심을 기울이고, 구성원을 지원하고 개발하도록 하는 것이었다.

교육부문에서 그가 또 적극적으로 추진한 것은 충남대학교 건립이었다. 충남대학교 건립과 관련해서 그는 인재양성이라는 리더스피릿의 목표를 실천한 것으로, 리더로서 독특한 비전을 제시했으며 구성원에게 미래에 대한 꿈을 제시했다.

성균관과 관련된 성락서의 유학 활동은 1968년 4월 재단법인 성균관 이사장이 되면서 나타났다. 성균관장이 되자 즉시 그는 월간지 〈유림월보〉를 간행했다. 이것이 간행된 것은 '현재 현실사회에 부응할 수 있는 유학'과, '유학의 현대화'를 이루고자 하는 그의 리더스피릿의 구현이었다.

재단법인 성균관 이사장을 겸한 성균관장에 취임하면서 그는 자신의 이념을 담은 '새로운 유학운동'과 '윤리운동'을 전개했다. 그는 새로운 유학운동을 통해서 기존의 낡은 유학을 버리고 적극적이며 진취적인 기상을 가지고 현실에서 적극적으로 솔선수범하여 활동하는 실천유학을 제시했다.

이후에는 인본적 가치를 중심으로 하는 윤리운동을 전개했다. 그는 인본 중심의 윤리를 실천하기 위해서는 유학자가 중심이 되어야 하며, 유학자가 올바른 윤리를 지켜 뭇 사람들에게 모범이 된다면 그것이 교화력으로 나타나게 될 것이라고 했다. 그는 윤리회복과 관련하여 물질에 치우친 퇴폐풍조를 비판하면서 그것을 구제하는 방법을 제시했다.

그는 모든 문명은 인간을 위해서 존재하는 것으로 인본적 가치의 산물이고, 인본적 가치가 진정하게 발휘될 때에 비로소 사회의 안정, 기회균등, 세계의 평화가 오는 것이라고 했다. 그는 양심과 부끄러움을 아는 것이 물질에 치우친 퇴폐풍조와 인간의 윤리관념 퇴보를 치유할 수 있으며, 사람이 가진 인본적 가치로 회귀하게 할 수 있는 것임을 강조했다.

이렇게 공공부문의 활동에서 보인 운정 성락서의 리더십은 구성원에게 비전을 형상화하여 제시하고 그것을 실천하여 목적을 달성하도록 했으며, 구성원에게 희망과 열정을 불어넣어 구성원 스스로가 행동하게 만드는 리더십이었다. 사회교화를 이룩하고 사람들이 승리를 확신할 수 있게 도와주었으며 구성원에게 목적달성을 확신하게 한 변혁적 리더십이었다.

운정 선생의 충남대학교 총장 취임식 장면 (1952년 10월 16일)

인문학으로 대학을 디자인하다:
운정 성락서의 인문학적 비전의 총장 리더십

이종성

1. 운정 성락서는 누구인가?

운정 성락서(芸庭 成樂緖, 1905-1988)는 교육자요, 행정가이면서 정치가로서 활동했을 뿐만 아니라 연속 3회 성균관장을 역임한 유학자이기도 하다. 특히 그는 1950년대 전반기에 충청남도지사로서 제2대 충남대 총장서리를 맡아 도정 운영과 대학발전의 토대 마련에 큰 업적을 남긴 인물이다. 성락서는 운포芸圃 성보영成普永의 장남으로 충청남도 공주군 공주읍에서 태어나 향년 84세를 일기로 충남대 의과대학 부속병원에서 별세하였다. 그는 자신의 호를 운정芸庭이라고 하였다. 성락서가 자신의 호를 운정이라고 한 것은 부친의 호를 계승한다는 취지가 뚜렷해 보인다. 그의 부친은 창녕성씨 운포공파의 중심인물로서 창녕성문의 새로운 중흥을 꿈꾼 인물인 것으로 파악된다. 운정은 이러한 부친의 기대를 저버리지 않고 운포공파의 핵심 인물로서 20세기 한국현대사에 뚜렷한 족적을 남긴 인물로 기억되고 있다.

운정은 어려서부터 남달리 총명하였다. 그는 공주공립보통학교를 졸업(1920)하고 경성제일고등보통학교(현 경기고등학교)를 졸업(1925)한 후 경성제대(현 서울대) 문학부를 졸업(1930)하였으며, 이후 중화민국 중화학술원에서 국제적으로 통칭되는 명예철학박사 학위를 취득(1974)하고 또한 충남대에서도 명예철학박사 학위를 취득(1982)하였다.[1] 그는 경성제대 문학부를 졸업하였지만 구체적인 전공은 문학이 아니라 문학부 안에 편제되어 있던 역사 분야의 조선사학과였다.

운정은 교육자, 행정가, 정치가, 유학자로서 활발하게 활동한 인물이다. 그는 대학을 졸업한 이후 곧바로 중앙불교전문학교 강사(1930-1932)로 활동하였으며, 이어서 이화여자전문학교 교수(1932-1939)를 거쳐 성균관대 학감(1947)과 국학대학[2] 교무처장(1947)으로 활동하였다. 이후 제3대 충청남도지사(1952-1954)로 활동하던 시기에는 충남대 총장 서리(1952-1954)를 겸직하면서 충남대의 발전을 위해 두드러진 활동을 보여주었다.

운정의 이력을 보면 그가 성균관대와 국학대학에서 직무를 수행하기 이전 몇 년 동안 잠시 휴식기가 있었음이 확인된다. 이때는 이화여자전문학교에서 교수로 근무하다가 잠시 대학을 떠났던 시기이다. 그는 이때 서울에서 대전에 내려와 활동하였는데, 이 무렵 그의 대전 생활은 한 시적이었다. 이때 그는 중등교육에 관심을 갖고 대전에서 보문중학교를 설립한 후 초대 교장(1945)으로 활동할 만큼 한국교육의 발전을 위해 남다른 역할을 수행하였다.

운정은 보문중학교 초대 교장으로 있다가 몇 년 후에 다시 서울에서 활동을 재개하였다. 그는 이후 충청남도지사의 직임을 맡게 되면서 다시 대전으로 돌아와 생활하게 된다. 충남대와의 인연은 이때부터 맺어지며, 이후 그의 대전 생활은 임종 때까지 지속된다. 그가 충남대에 대한 끊임없는 관심과 애정을 가질 수 있었던 배경에는 공주 출신으로서 가지고 있던 애향심과 대전에 뿌리를 내린 그의 삶의 터전이 한몫하였음을 부정할 수 없다.

운정은 정부봉사 활동으로 제헌 국회의원(1948-1950)과 제3대 충청남도지사의 직임을 훌륭하게 수행하여 대한민국 초창기 헌정사와 행정사에 큰 행적을 남겼다. 또한 65세 이후 임종할 때까지는 유학자로서 유림의 각성과 사회참여 유도를 위해 노력하면서 새로운 시대에 맞는 유학 운동을 펼쳐 나갔다. 이것은 1970년부터 직책을 맡은 성균관장의 직임과도 무관하지 않다. 그는 제11대(1970년 6월 21일)부터 제13대(1976년 7월 24일)까지 총 3대에 걸쳐 6년 동안 성균관장직을 역임하였다.[3]

이상과 같이 다양한 이력과 남다른 업적을 남긴 운정 성락서이지만 그에 관한 전문 연구 성과는 매우 희소한 상황이다. 이러한 상황에서 최근 이정우가 발표한 연구논문 2편[4]은 운정사상에 대한 새로운 관심을 촉발시킨다. 그의 연구는 운정의 〈유가유신론〉과 〈윤리선언〉을 중심으로 운정의 사상적 입장을 검토하고, 그의 행정리더십 분야의 공공성 문제에 주목한 데 그 의의가 있다.

그러나 이처럼 제한된 연구의 풍토 속에서 아직까지 운정의 총장 리더십에 대해 주목한 연구 성과는 전무한 상황이다. 이에 이 글은 운정이 충남대 총장서리로 활동하던 당시 상황에 주목하고, 그가 어떤 대학을 만들고자 노력하였는지, 그의 리더스피릿 문제에 대해 검토해 보고자 한다. 이 글에서는 운정의 유고집인『안엽기』를 주로 참고하면서,[5] 주변 자료를 최대한 원용하여 논의해 보도록 하겠다. 다만, 운정의 총장 리더십을 확인할 수 있는 당시 자료가 매우 희소한 관계로 운정이 충남대 총장서리로 활동하던 전후 시기의 자료들까지 최대한 활용하여 논의할 것임을 전제한다.

이 글의 주제는 인문학적인 내용을 넘어 교육기관으로서 대학의 역할과 기능을 재고할 수 있는 논의의 토대가 된다는 점에서 유의미함을 갖는다. 특히 한국 학계에서 지역을 중심으로 한 고등교육기관에 대한 논의 자체가 활발하지 못한 현재의 실정을 감안할 때, 이 글은 초창기 한국 대학사 연구에 많은 시사점을 전해줄 수 있을 것이다.

2. CNU의 기반 정립과 총장서리로서의 업적

운정은 충남대의 제2대 총장서리다. 서리란 임명 동의가 되기 전에 직무를 대행하는 것을 말하여, 현직 자리에 앉은, 승인되지 않은 자를 말한다.[6] 충남대의 제1대 총장서리는 진헌식(陳憲植, 1902-1980)으로 운정 바로 전에 제2대 충청남도지사(1951-1952)를 역임한 인물이다.

그러나 제1대 총장서리를 맡은 진헌식이 충남대와 인연을 맺은 기간은 1952년 5월 25일부터 같은 해 9월 8일까지로 실질적으로 보면 3개월 정도밖에 되지 않는다. 그는 1952년 5월 25일 정부로부터 도립 충남대학교 설립인가를 받아내어 교수 12명, 직원 14명, 신입생 250명을 선발하여 당시로서는 우리나라 유일의 도립 종합대학을 출범시켰는데, 이때 충남대는 문리과대학, 농과대학의 2개 단과대학의 5개 학과로 출발하였다.[7]

이에 비해 제2대 충남대 총장서리가 된 운정은 2년 동안 실질적인 대학의 기틀을 마련하는 데 큰 역할을 담당한 공로가 있다. 그렇다면 이제 운정이 충남대의 대학 발전사에서 어떠한 역할을 담당하였고 어떻게 대학발전을 위해 노력하였는지, 그 구체적인 내용을 살펴보기로 한다.

2.1 나눔과 배움의 실천

운정은 "항상 불우한 이웃을 도울 줄 아는 마음의 자세가 필요하"다고 역설한다.[8] 어느 시대에나 불우한 이웃이 없을 수는 없지만, 운정의 이

같은 발언은 일제강점기와 해방 전후의 한국사를 돌이켜볼 때 당시 국가적 상황의 빈곤 및 국민의 가난과 무관치 않다는 점에서 매우 주목된다. 가난에 헐벗어 힘들게 살아가고 있는 사람들의 고통을 외면하지 않겠다는 의지가 반영되어 있기 때문이다.

대한민국 정부 출범 이후 한동안 우리나라는 다른 나라로부터 물자원조를 받아야 할 정도로 국가의 재정이 열악했던 시절이 있었다. 그 당시에는 수많은 사람이 제대로 된 교육을 받고 싶어도 받을 수가 없는 상황에 놓여있었다. 특히 대학 교육을 받을 수 있던 사람은 매우 제한적이라서, 그들은 다른 사람들로부터 선망과 부러움의 대상이었다. 전 세계적으로도 대단히 높은 학력 수준을 보이는 현재 한국의 상황에서 볼 때 격세지감이 아닐 수 없다.

운정은 부유한 가정에서 태어나 남부럽지 않은 생활을 영위하며, 한국을 대표하는 중등학교와 대학교에서 전문적인 교육과정을 이수한 인물이다. 그럼에도 그는 항상 겸손을 미덕으로 삼아 타자를 배려하고 자신이 가진 것을 남에게 나누어주려는 나눔의 정신을 실천하고자 노력하였다.[9] 운정은 이른바 나눔의 리더십을 실천한 인물인 것이다.

전문 정치행정가로 활동할 시기에 운정은 누구보다 앞장서 국민재산 증식을 위해 노력한 공로가 있다. 이는 가난을 물리쳐서 어려운 사람이 없게 하겠다는 나눔의 의지를 몸소 실천한 것이라 할 수 있다. 그는 6·25전쟁으로 인해 폐허가 되어버린 국토를 다시 살리고자 유휴지 개발, 유축농업, 유실수 심기 등과 같은 운동을 적극적으로 전개해 나아갔다.[10] 이는 국민재산증식을 위해 노력한 업적의 하나로 기억되며, 불우한 이웃의 자력갱생을 이루어낸 나눔의 실천 행위에 해당한다고 볼 수 있다.

운정은 일제강점기와 해방 직후 한국 현대사에 있어 몇 안 되는 최고

엘리트 계층의 한 명이었다. 그는 국가의 빈곤이 경제적 가난에만 머무는 것이 아니라 지적인 배움의 측면에까지 영향을 미친다고 파악하였다. 그가 대전에 보문중학교를 설립(1945.12)한 것이라든가, 특히 대학교육에 큰 관심을 갖고 충남대의 기반을 마련하기 위해 불철주야 노력한 것은 모두 배움의 측면에서 지적 가난을 퇴치해보고자 한 국민교육에의 열망 때문이었다.

운정이 가졌던 국민교육에의 열망은 향후 지적 가난에 허덕이던 사람들에게 교육받을 기회를 충분히 제공할 수 있는 순기능으로 작용하였다. 이러한 운정의 국민교육에의 열망은 공자의 교육관을 연상시킨다. 그것은『논어』「위영공」에서 제시한 '유교무류有敎無類'로 표상되는 교육관으로서, 다름 아닌 교육이 있는 곳에 차별이 없다는 정신이다. 이러한 공자의 교육관은 배움의 나눔 정신이라고 볼 수 있다.

운정이 보여준 배움의 나눔 정신 역시 공자의 교육관과 무관치 않다. 그는 평생 유학적 지식인으로 살았고, 유교의 정점 인물로 공자를 높였던 사례가 있기 때문이다. 그는 공자와 같은 방식의 인문학적 열망을 통해 사람의 사람다움을 찾는 교육[11]을 이 땅에 실현하고자 하였고, 이를 현실화할 수 있는 구체적인 대상으로 충남대를 선택한 것이다.

2.2 지역과 상생하는 대학의 모델 정립

충남대는 6·25전쟁 중이던 1952년 5월 도립대학으로 창립되었다. 대학 설립의 계기는 대전지역으로 피난 온 민태식 교수와 한학자 김순동 등이 전시연합대학 설립을 계획하여 발족한 것으로부터 비롯되었다.[12]

도립 충남대가 탄생하기 이전, "1951년 11월부터 충남지역의 유지들은 충남의 인재 양성을 위한 대학 설립을 추진하였다. 11월 23일 충청남도의 시장·군수·경찰서장 회의에서 충남대설립기성회를 조직하고 다음 해 1월까지 10억 원을 모으기로 하였다. 회장에는 이영진 충남지사, 부회장에 충남도 문교사회국장과 민간인 1명을 위촉하고, 시 · 군에서는 시장과 군수를 각기 기성회의 지부 회장으로, 경찰서장은 이사로 위촉하였다."[13]

또한 "대전시의 경우는 손영도 시장이 지부 회장을 송진백 · 김용성 등이 이사를 맡았다. 기성회의 모금 운동은 범 도민적으로 전개되었다. 시 · 군별로 주민들에게 학교 설립의 필요성을 홍보하고 기부를 호소했다. 도민들은 돈이 없으면 쌀을 내는 등 십시일반으로 힘을 보탰다. 충남석유조합연합회는 5백만 원을 기탁했으며, 대전고등학교 호국단에서는 20만 원을 냈다. 서산 지역의 김두환 · 유승노 · 최병운 · 윤수권과 당진의 최한영 · 홍사철, 대전의 문갑동 등이 거액을 쾌척했다."[14]

그야말로 충남대는 범지역적인 모금 운동과 기부를 통해 탄생한 대학인 것이다. 충남대 설립을 위한 모금 운동은 운정이 도정을 책임지던 시기에도 지속적으로 이루어졌다. 운정이 충남대 총장서리가 되었을 때는 충남대가 출범한 지 겨우 3개월 정도밖에 되지 않은 시기였다. 모든 것이 제자리를 잡지 못하고 있던 당시의 충남대는 대학의 모습을 제대로 갖추지 못한, 말 그대로 이름뿐인 대학에 지나지 않았다. 이러한 시기에 충남대의 운영을 책임지게 된 운정은 충남대의 기틀을 다지고자 동분서주 뛰어다녀야만 했다.

그 결과 운정은 문화동 캠퍼스 지역을 교지로 확보하는 것을 결정하였고, 재단법인 충남대 후원재단을 설립하였으며, 문리과대학과 농대 이외에 공과대학을 설치할 수 있었다.[15] 그 과정에 많은 우여곡절이 있었음은 두말할 필요가 없다. 숱한 우여곡절을 이겨내고 운정이 대전 문화동 소재 15만 평 대지에 문리대 2동, 농대 2동, 공대 1동의 건물 공사

를 이루어낸 것이 1953년 4월 경의 일이었다.[16]

충남대 발전사에 있어서 운정의 가장 대표적인 업적은 교지 선정이라고 평가된다. 운정 당시의 충남대 교지 선정과 관련된 일련의 과정을 살펴보면 다음과 같다.

> 성락서 총장서리의 도지사 재임 기간 중에 총장서리로서 충남대의 행정 통괄을 함에 있어서 두드러진 업적은 교지 선정이다. 충남대 교지 후보지로서 현재의 충남도 공무원교육원 자리 일대(괴정동)와 공설운동장 자리(부사동) (당시의 교통부 부지), 홍도동, 문화동 등이었는데 교통관계 · 교육적 환경 · 구입상 문제 등이 고려되어 결국 현 문화동캠퍼스를 교지로 확보하도록 결정을 보았다. 군부와 토지교환조건으로 군용지 일부를 본교에서 인수하여 앞 군부와의 사이에 일직선의 도로를 개설하여 반듯한 교지를 확보하기에 이르렀다.[17]

충남대가 출범한 뒤에도 충남대는 변변한 캠퍼스가 없었다. 운정이 충남대 총장서리로 취임할 당시 충남대에는 교사가 없어 대전 시내 대흥국민학교와 문화동의 충남농업기술원, 충남도청 창고 등을 빌려 수업을 하는 등 차마 눈을 뜨고 볼 수 없는 상황이었다. 특히 충남도청 별관 자리는 당시 창고였는데, 창고에 가마니를 깔고 수업을 하는 실정이었다. 이러한 광경을 목도한 운정은 대학을 건립할 부지를 마련하는 일에 노심초사하게 되었다.[18]

결국 운정의 노력에 힘입어 충남대는 온전한 캠퍼스를 갖추게 되는 문화동 캠퍼스 시대를 개막하게 된다. 충남대 문화동 캠퍼스의 당초 부지는 문화동의 구 대전일보사 자리였다. 그러나 당시 이곳이 황무지나 다를 바가 없었기 때문에 운정은 3관구 사령부의 자리를 문화동 캠퍼스와 환지할 것을 요청하여 역사적인 충남대의 문화동 캠퍼스 시대를 열게 된다.

이때 "문화동과 대사동의 교지 구입과 함께 곧 교사 신축에 들어갔는데, 먼저 53년 10월 6일 농대가 부지 11만 평을 선정하여 그중 우선 8천 평을 매수하여 건평 358평의 실험실 2동(본관 뒤의 건물) 및 부속사를 신축하여 54년 4월 23일 농대가 그곳에 이전하였으며, 다음 문리대는 대사동 637번지에 부지를 장만하여 제2본관 건물을 착공하게 되었다. 1952년 10월 16일 충남대학교 후원재단이 설립되었으며, 공과대학이 증설되어 농대 제2 실험실에서 개강하였다. 농대는 실험농장 운영을 개시하였고, 대학 연습림으로 보문산 178,920평을 대여받았다."[19]

운정이 충남대의 교지를 확보해나갈 당시 그는 십시일반으로 도민의 기부를 받을 수밖에 없었다. 농경제 사회를 벗어나지 못하고 있던 당시 상황에서 운정은 농가에 요청하여 가마니 한 장, 고추 한 주먹, 마늘 한 통이라도 기부할 것을 독려하는 갹출 운동을 전개하였고, 당시 초등학생부터 중등학교 학생들에게는 10전, 1원이라도 좋으니 자신의 위치에서 성의껏 기부해달라고 하는 모금 운동을 펼쳐 나갔다. 운정이 어떻게나 시장 · 군수를 닦달했던지 혹자는 당시의 그를 보고 '충남도지사'가 아닌 '충남대지사'라고 평가할 정도였다고 한다.[20]

충남대의 역사는 그야말로 도민 매 호당 가마니 한 장과 겉보리 한 말 모금 운동으로 시작되어 국채권 발행으로 이어지는 범도민 운동에서 비롯되었다. 운정은 "재단법인으로 충남대학교 후원재단을 설립하고 사무소는 대학의 사무국 내에 두었다. 기본 재산은 설립기성회에서 기부한 국채권과 현금 10억 원이었다. 재단은 설립 후에 사업 목적을 달성하기 위하여 서산시 고북면의 해안 90여 정보에 대한 공유수면 매립 면허를 얻어 염전의 조성에 착공한 바 있으나, 재정 조달이 용이하지 않았을 뿐 아니라 여러 해의 극심한 해랑으로 시공한 시설이 누차 유실되어 사업이 좌초됨에 따라 목적을 달성하지 못하였다"[21]고 한다.

비록 상황이 여의치 않은 탓에 후원재단의 사업이 소기의 목적을 이루지는 못했으나, 운정은 충남도민과 대전시민에게 '우리의 대학'을 손수 만들어보자는 운동을 전개하여 당시 국내 유일의 도립대학을 건설하는 계기를 마련하였다. 충남대는 이처럼 대학 교육에 대한 의지를 가진 훌륭한 리더와 순수한 열정으로 뭉친 지역사회 구성원들의 협력으로 탄생하였다. 지역과 상생하는 대학의 이상적인 모델이 운정에 의하여 탄생한 것이다. 대학은 지역발전의 요람이다. 따라서 학문의 전당을 만들어 놓는 것은, 곧 지역사회 발전의 밑바탕이며 초석이라고 말할 수 있다. 운정은 일찍이 이를 자각하고 지역사회와 함께하는 대학 건설에 온 힘을 바쳐 충남대 역사에 뚜렷한 업적을 남긴 것이다.[22]

3. 인문학적 총장 리더십: 인문학으로 대학을 디자인하다

충남대학교는 인문학 정신을 토대로 탄생한 대학이다. 이것을 주도한 충남대 초창기의 여러 인물 가운데 운정의 역할은 매우 크다. 운정은 충남대를 인문학으로 디자인하려는 목표와 의지를 가지고 있었고, 그것을 직접 실천에 옮긴 지행합일의 총장 리더십을 보여준 인물이다.

그렇다면 이제 여기에서는 운정이 기획한 얼의 자각과 민족 충대 건설의 꿈, 충남대를 한국학 연구의 본산으로 만들고자 한 대학 특성화 계획 및 역사와 철학, 윤리를 강조한 인문학 중심의 대학 설계를 기획한 운정의 총장 리더십의 문제에 대해 구체적으로 살펴보기로 한다.

3.1 얼의 자각과 민족충대 건설의 꿈

운정은 충남대에 민족정신의 생명원이라 할 수 있는 '한국의 얼'을 뿌리내려 국가발전의 토대를 구축하고자 하는 원대한 목표를 가지고 있었다.[23] 운정은 그것이 '나'를 세우고 '우리'를 찾는 일이라고 보았다. 그는 그것이 오랜 기간 자기비하와 숭외관념, 자조와 자학 등에 빠져 있던 사회적 분위기를 일소함과 동시에 자기의 주체성을 승화시키는 일이라고 인식하였다.[24] 이른바 '얼'의 자각이 주체적 자존 향상의 길임을 천명한 것이다.

운정은 충남대에서 총장서리로 활동할 때만이 아니라 후일 성균관장으로 재직하던 시기에도 끊임없이 '얼 정신'의 회복에 관하여 역설하였다. 그는 '얼 정신'이 "장구한 역사의 축적에 의해 형성된 특성으로서 우리 민족의 혈맥 속에 관류되고 있는 민족혼이며 민족으로서의 위기爲己의 정신을 말하는 것이다"[25]라고 보아, 그것을 한민족의 뿌리라고 인식하였다.

운정이 언제부터 '얼 정신'을 강조한 것인지는 확실치 않으나, 위당爲堂 정인보(鄭寅普, 1893-1950)와의 학문적 교유 이후 그에 대해 더 많은 관심이 생겨난 것이라 추정된다. 위당은 1930년대에 자신과 뜻을 같이한 사람들과 함께 조선학 운동을 전개하였는데, 이때 그의 사상과 운동에 공감한 사람들은 그의 집을 찾아 사랑채에 버티고서 아예 잠을 자는 사람들도 많았다고 한다.

이이화는 위당이 고생 끝에 내수동에 사저를 마련했는데,[26] 이때 많은 학생들이 위당의 집 사랑채에 버티고서 잠을 자고 밥을 얻어먹었다고 기록하고 있다. 당시 민태식, 성락서 같은 학생들은 아예 위당의 집 사랑채에서 기거했는데, 위당은 이들에게 겨레의 얼을 불어넣고 글을 가르쳤다고 한다.[27]

또한 인터넷 자료로 올라와 있는 월전月田 장우성(張遇聖, 1912-2005) 화백의 회고담 가운데도 운정이 위당에게 수시로 가르침을 받았다고 하는 기록이 확인된다. "이 무렵 위당 댁에는 동교 민태식東喬 閔泰植씨와 성균관장成均館長을 지낸 운정 성낙서芸庭 成樂緖씨가 수시로 와서 가르침을 받고 있었다"[28]라고 한 내용이 그것이다.

위당의 딸 정양원鄭良婉의 「담원문록 발문」에는 위당이 사랑한 후학으로 홍이섭(洪以燮, 1914-1974), 정지용(鄭芝溶, 1902-1950), 김충현(金忠顯, 1921-2006), 민태식 등과 함께 운정이 함께 거론되고 있다.[29] 이러한 사례들을 볼 때, 운정은 위당의 사상에 깊이 공명하였고, 실제로 그의 영향을 크게 받았음을 확인할 수 있다. 운정이 평생 강조한 '얼' 사상은 위당의 사상에 그 기원을 두고 있다고 볼 수 있는 것이다.

운정은 '얼 정신'이 "조선조 말기에 일제 침략이 노골화될 때부터 애국지사들이 민족의 분발을 촉구하고 민족정신을 고취하기 위하여 반만년의 찬란한 전통문화를 선양하면서 우리를 지켜온 전통적 민족정신 재환기에 심혈을 경주하였다. 최남선 씨의 광문회光文會 사업이 그것이며 좀 후에 정인보 씨가 '조선의 얼'을 주장한 것이 정신 면의 단적 표현이다"[30] 라고 하여, 위당이 '조선의 얼' 찾기 운동을 제창한 선구자였음을 밝힌다.

운정은 위당이 제창한 '얼' 사상에 깊이 공명하여, 전통적 민족정신의 뿌리인 '얼 정신'을 찾아야 한다고 강조한다. 그는 전문적이며 체계적인 방식으로 '얼 정신'에 관하여 구체적인 논의를 개진하는 데까지 이르지는 못하였다. 그러나 그에 대한 구체적인 논의는 위당의 사상을 소환하여 검토하는 것만으로도 충분하다고 여겼기 때문에 새로운 논의나 구체적인 평가를 덧붙일 필요가 없다고 보았을 것이라 여겨진다.

위당은 인간이 '얼'을 가진 존재라고 했다. 위당은 "사람이라는 존재는 거죽만 가진 존재가 아니다. '얼'을 가진 존재여야만 진정한 의미의 인간이라는 존재인 것이다. 슬기롭고 어리석고 어질고 못나고를 가릴 것이 없구나. 누구나 '얼' 빠진 사람이라는 말이 거죽만 가진 사람을 가리킨다는 데에는 전혀 이견이 없을 것이다"[31], "사람이면서도 '얼'이 없다면 그 사람은 사람이라고 할 수 없으리라"[32]라고 했다. 그리고 그는 마음의 중추가 '얼'이라고 보고,[33] "그 누구도 빼앗아갈 수 없기에 '얼'을 귀중하다고 하는 것이다"[34]라고 했다. 위당은 인간을 존엄한 존재라고 보고, 그 이유가 '얼'을 가지고 있기 때문이라고 본 것이다. 이러한 위당의 '얼' 사상은 다분히 인간 주체성에 근간을 둔 인본주의적 성격을 갖는다.

운정 역시 인간존재의 위대성을 역설하면서,[35] 인간다움의 가치구현을 강조하는 인본주의적 입장을 구체적으로 천명한다. 운정은 '진정한 나'의 완성과 '민족의 얼'의 발양을 중시한다. 그에게서 '얼'은 민족에게만 전유되는 존재가 아니라 '진정한 나'와 함께하는 존재이다. 운정은 특히 위당의 '얼' 사상을 윤리적 실천을 통해 드러내고자 하여 〈윤리선언〉을 제창할 정도였다.[36] 운정은 효孝 · 경敬 · 충忠 · 애愛 등의 윤리적 덕목을 실천하는 사람이라야 '진정한 나'의 범주에 편입될 수 있다고 본다. 그는 그 가운데도 특히 효가 근저가 되어야 한다고 볼만큼 효를 강조한다.[37]

뿐만 아니라 위당이 『조선사연구』를 편찬하면서 이를 「오천년간 조선의 얼」이라고 하여 강조한 것처럼[38] 운정 역시 '5천 년 [전통적] 얼 정신'[39]을 민족의 생명원이라고 강조함으로써[40] 민족정신을 발양시키기 위해 노력하였다. 일찍이 위당은 '조선의 얼'과 관련한 기원 문제에 있어서 단군과 단군조선에 관하여 주목한 바 있다. 그는 단군 기사의 사실 부분이 불변적인 의의가 있다고 간주하면서, 일제 식민주의자들이 신화 부분만 발론하고 사실 부분을 의도적으로 무시하였다고 비판한다.[41] 요컨대 위당사학은 일제하 단군 말살의 위기를 맞아 성립된 항일민족사학의 성격을 띤다.[42]

이와 같은 위당의 '얼' 사상의 맥락과 관련된 단군과 단군 조선론은 운정에게서도 확인된다. 운정은 '얼'이 민족과 국가와 역사의 지주라고 보면서, 그 '얼'이 5천 년을 이어왔다고 인식한다. 그리고 신화로만 치부되던 단군론에서 국가가 탄생하는 기원을 확인하고, 단군을 우리 겨레의 시조로 인정한다. 뿐만 아니라 운정은 '환인桓因'과 '환웅桓雄'이 우리말 '한울'의 한자 번역어라고 보아, 그것이 '조선의 얼'이 담긴 한울의 세계관에 기반을 두고 있음을 강조한다. 그 한울의 세계관이 또한 민족정신의 바

탕인 홍익인간의 이념을 낳았다는 것이 운정의 입장이다.[43]

그런데 시간이 흐를수록 민족정신과 밀접한 연관성을 갖는 '얼의 정신'이 침체일로에 빠져드는 현실은 문제가 아닐 수 없었다. 위당은 얼이 빠져나가는 현실을 제자리로 되돌려야 한다고 보고 이렇게 말한 바 있다. '얼'이란 "알기만 쉬운 것이 아니라 누구에게든 다 존재하는 것이기도 하다. 누구에게나 다 존재하는 그런 '얼'을 지니지 못했다면 그것을 본래의 상태대로 되돌리는 일이 급선무일 것이다. 누구나 다 지니지는 못했지만 애초부터 누구에게나 다 존재하는 것이기에 언제든지 원상태로 되돌릴 수 있"는 것이다.[44]

이와 같은 위당의 언명처럼 운정도 '얼'을 되찾는 일을 급선무로 생각하여, '얼의 정신'을 충남대에 뿌리내리려고 하였다. 위당의 '얼의 정신'을 계승한 운정의 역사 이념과 인식은 식민사론에 매몰되지 않도록 하기 위한 민족혼의 유지를 최대 목적으로 부각하는 일에 나름의 성공을 거둔 것으로 평가할 수 있다.[45] 운정이 '민족의 얼'과 '얼의 정신'에 관심을 갖게 된 성장배경이 있다. 하나는 공주지역에서 내로라하는 부자였던 부친이 전 재산을 독립운동 자금으로 쾌척한 사례,[46] 그리고 다른 하나는 어린 시절 한문 선생님으로 모신 이건복李建福에게서 배운 독립의식 고취와 관련된 교훈의 사례,[47] 또한 공주보통학교 시절에 국혼을 불러일으키는 이야기를 많이 전달해준 김현구라는 선생님의 교화 사례[48] 등을 들 수 있다.

한편 운정은 이화여자전문학교에서 7년 간의 교수 생활(1932년 4월-1939년 3월)을 하였는데, 당시 일제강점기 치하에서조차 그는 우리말로 우리나라 역사를 가르쳤다. 이러한 운정의 행위는 조선총독부의 요시찰 감시의 대상이 되어 감사에 지적될 수밖에 없었고, 결국 그는 교수직을 사임하는 상황에 놓이게 되었다. 그는 민족자주 정신을 고취하고 한국인의 긍지와 분발을 제창하려는 목적 아래 일본사 시간에도 한국역사를 가르쳤고, 동양사 시간에도 한국역사를 가르쳤다가 이것이 결정적인 문제로 지적됨으로써 이화여자전문학교를 떠나는 계기가 되고 말았다.[49]

운정의 일생은 평생 '민족의 얼'과 '얼의 정신'을 되찾아 주체적이고 자주적인 자세로 살아야 한다는 사명감의 실천으로 일관된 것이었다. 운정은 자신의 사명감과 실천 의지를 충남대의 건설에 깊이 삼투시켰다. 그가 충남대를 '민족의 얼'이 깃든, '홍익인간'을 구현할 교육의 터전으로 만들고 싶었던 바람도 평소 자신이 견지하고 있던 지론을 실천하는 것과 다르지 않았다. 그래서 그는 자신의 바람이 현실화될 수만 있다면 머잖은 시기에 "민족정신을 찾으려거든 충대로 가라"는 말이 나오게 될 것임에 틀림없을 것이라고 확신한 것이다.[50] '민족충대'를 만들어보겠다는 운정의 꿈은 이렇게 탄생한 것이다.

3.2 대학 특성화 계획: CNU를 한국학 연구의 본산으로

운정은 충남대 총장서리로 취임하면서 "본 대학교는 종합대학으로서 우리나라에서도 가장 이상적인 문화 기술 방면에 치중하여 타 대학에서는 보지 못할 만한 문화전당을 건설하고자 하오니 훌륭한 교풍을 세워서 한국에서 유일한 대학교를 만들도록 노력"[51]해줄 것을 대학 구성원들에게 요청하였다. 운정은 다른 대학과 차별화되는 충남대만의 독자적인 전통을 세우는 것이 중요하다고 보았고, 이를 위해 훌륭한 교풍을 정립할 필요성이 있음을 역설한 것이다.

운정은 충남대를 한국에서 최고가는 한국학 연구의 본산으로 만들고자 하는 목표를 가지고 있었다. 이와 관련하여 운정은 〈충남대학 관계 제반에 관한 담화문〉을 발표하면서 이렇게 말하였다.

> 대학에 건물이 완공되었으니, 충대 특색을 만들고자 하여, 충대도서관에 우리나라에서 출판된 한문 서적은 모두 수집하고자 했습니다. 충남에는 학자들이 많아서 서적이 많이 있을 테니 그것을 수집해서 우리나라 역사, 문화, 철학에 관한 서적하면 충남대학이다 하는 소리가 나게 하자는 것입니다. 즉 한국학 연구의 본산으로 만들자 하는 것이지요. 충남대학 특색을 한국학에 역점을 두어 한국학에 대한 책을 많이 수집했습니다.[52]

운정은 문사철로 집약되는 인문학 연구를 강화함과 동시에 그 중에서도 한국학 연구에 주력할 것임을 분명히 한 것이다. 그리고 이를 위해서 충남대 도서관의 기능과 역할에 주목하고, 한국의 역사, 문화, 철학 등 한국학 연구와 관련된 다양한 서적을 폭넓게 수집하여 비치할 것을 계획하였다. 그 결과 한국학 연구와 관련된 서적을 보려면 충남대에 가보아야 한다는 평가가 언제 어디서든 자연스럽게 나올 수 있게 하는 것이 그의 바람이었다.

운정은 자신이 계획한 한국학 연구의 본산으로서의 충남대 건설을 위해 다방면으로 노력하였고, 또한 어느 정도 소기의 목표에 도달하는 성과를 보였다. 그는 "도서 수집에 전력을 집중한 결과 각 방면의 문헌과 각종 도서 1만 5천여 권을 확보하게 되었다"[53]고 밝힌 바 있다. 운정은 도서 수집에 전력을 기울여 짧은 시간에 적지 않은 도서를 충남대 도서관이 소장할 수 있는 기틀을 마련한 것이다.

도서 수집은 도서관이 자료를 선택하고 수서하는 측면 및 각종 자료를 이용자에게 제공하여 도서관과 이용자 상호 간에 인터페이스interface가 이루어지게 하는 내재적 기능이다.[54] 운정은 이와 같은 도서관의 내재적 기능들이 원활하게 이루어질 수 있도록 함과 동시에 충남대 도서관의 체계를 갖추고자 노력한 것이다.

운정이 이처럼 도서관의 기능과 역할에 주목한 것은 그가 경성제대에 재학하던 시절에 보았을 법한 그곳 도서관에 비치되어 있던 한국학 관련 연구 서적들이 큰 자극제가 되었으리라 추정된다. 그는 경성제국대학 도서관을 타산지석으로 삼아 이를 충남대에 이식하고자 한 측면이 있었을 것이라 짐작된다. 특히 해방 이후 6·25전란 중이던 충남대 건립 초창기에 북한에서는 경성대학 도서관의 도서들을 김일성종합대학으로 옮겨가려던 정황이 있었는데, 운정에게 이러한 상황은 예사로운 사건이 아닐 수 없었다. 그가 자료 보존의 중요성을 더 크게 인식한 이유가 있었던 것이다.

더욱이 운정이 사상적으로 크게 영향을 받은 위당이 1930년대에 주도적으로 펼쳐 보인 조선학 운동의 영향력 또한 간과할 수 없다. 운정은 위당이 중심이 되어 "일제의 식민 사관과 식민 지배 이데올로기에 대항하여, 서구 문명을 맹목적으로 수용하는 경향과 민족을 경시하는 일부 공산주의 사상 경향을 비판하면서 한국 역사와 문화의 독자성과 주체성을 탐구하고 근대 민족 국가 수립의 가능성을 실학에서 찾으려고 했던"[55] 조선학 운동에 공명하였다. 그는 일본으로 반출되던 한국학 자료들을 안타깝게 바라보던 차에 '민족의 얼'을 더 이상 상실하지 않고 되찾을 수 있는 방편의 하나로써 한국학 연구 자료들을 최대한 수집하여 도서관에 보존하는 방법을 도모한 것이다.[56] 그의 이러한 노력이 초창기 충남대 도서관의 성격을 결정지었다고 보아도 과언이 아니다.

한편 도서관은 몇 가지 내재적 기능 이외에도 사회적 기능으로서 보존적 기능, 문화적 기능, 교육적 기능, 여가 선용적 기능, 정보 제공의 기능 및 연구적 기능을 갖추고 있어야만 한다.[57] 특히 대학 도서관은 다른 지역 도서관이나 특수한 목적으로 설립된 도서관들과는 달리 연구적 기능과 밀접한 연관성을 갖는다. 운정은 충남대 도서관이 충남대 구성원과 관련 학계 연구자들을 위한 연구의 산실이 되기를 바랐다.

운정은 또한 충남대 도서관이 그 기능과 역할에 충실하기 위해서는 보존된 자료들이 적극적으로 활용되어 학문 발전에 일익을 담당해야 한다고 보았다. 그래서 그는 도서관에 수집된 다양한 자료들을 학문적으로 활용하는 각종 연구회의 조직을 활성화해야 한다고 인식하였다. 앞서 본 것처럼 충남대 도서관의 내재적이며 사회적인 기능에 주목했던 그는 이렇게 말하기도 한다. "일방 작년부터 사학연구회가 조직되어 백제 문화에 관하여 연구 중이며 계속하여 국문학, 철학 연구회도 조직되어 사계 연구에 크게 공헌하고 있다."[58]

요컨대 충남대 건립 초창기에 문사철 연구자들이 각자 자신의 분야에서 전공에 맞는 학술연구회를 조직하여 활발하게 활동하고 있음을 고무적으로 평가한 것이다. 그 저변에는 충남대 도서관의 귀중한 학술 가치를 지닌 소장자료가 전문 학자들에 의하여 가치 있게 활용되고 있다는, 소장자료와 이용자 사이의 인터페이스에 대한 신뢰감이 내재되어 있다는 점을 부정할 수 없다.

여기서 한 가지 주목할 점은 운정이 대학 캠퍼스의 상징을 도서관으로 인식하였다는 사실이다. 도서관은 연구자들에게 보존 자료를 제공할 뿐만 아니라 학생들의 독서와 학습을 위한 문화공간으로서의 자기 역할을 담당한다는 점에서 매우 중요한 장소성을 갖는다. 운정은 이 점을 정확하게 인식하고 있었던 것이다. 그러나 제대로 된 교육시설조차 갖추지 못한 충남대 초창기에 충남대 도서관 역시 도서관다운 면모를 찾기가 어려웠던 것이 사실이다. 충남대 도서관은 1953년 문리과대학에서

발족할 당시 창고에서 출발할 정도로 그 사정이 매우 좋지 않았다.[59]

이때 운정의 '죽마고우'면서 당시 문리과대학 학장으로 재직하던 동교 민태식[60]은 초창기의 열악한 조건과 당시 전쟁상황 중임에도 이를 극복하고 각종 한국학 관련 자료를 중심으로 한 많은 자료를 수집하는 데 온 힘을 기울이고 있었다. 이때 수집된 자료들은 대부분 한적본(漢籍本)이었는데, 지금에 와서는 국학 연구에 큰 도움을 주고 있는 자료들이다.[61] 당시 논산 김용훈씨의 한적본 5백여 권과 공주 이세찬씨의 한적본 5백여 권, 대천 안모씨의 한적본 5백여 권, 옥천 송재덕씨의 한적본 1천여 권, 서울 김사용씨의 외국 서적 2백여 권과 경성대학교 교수였던 일본인 모씨의 동양철학 서적 2백여 권, 그리고 사학자 황의돈씨로부터 다수의 책을 기증받았다. 또한 교수 및 학생들의 학문연구와 학습을 지원하고 충청남도의 문화창달을 위하여 도민의 성금으로 도서 5백 권을 구입하였다.[62]

또한 이 당시 충남대 도서관이 설립된 것을 기뻐한 도민들은 성금을 모아 도서를 구입하도록 하는 한편 귀중한 한적본을 기증하기도 하였다.[63] 당시 총장서리인 운정과 학장이던 동교가 한마음 한뜻으로 힘을 모아 충남대 도서관의 내실을 다져나가고자 한 노력의 면모가 확인된다. 이러한 노력이 기반이 되어 문리과대학 도서관은 장암藏菴 지헌영(池憲英, 1911-1981) 교수를 초대 관장으로 선임하여 충남대 부속도서관을 정식 출범시키게 되는데, 이때가 1957년이다.[64] 이때 비로소 학문의 전당 역할이 가능해짐에 따라 교수 · 학생들의 학문연구와 학습활동을 지원함은 물론 지역주민에게도 자료를 개방함으로써 대학 도서관의 사명을 다하게 되었다.[65]

충남대 도서관에 대한 운정의 이념은 향후 충남대가 문화동에서 대덕연구단지 내로 캠퍼스를 이전하는 과정 중에도 많은 영향을 미친다. 충남대 도서관은 1979년 12월 21일 신축건물을 착공한 이후 1982년 5월 25일 마침내 중부권에서 가장 큰 규모이면서 최고의 초현대식 건물을 갖는 도서관을 개관하게 된다.[66] 그런데 충남대 도서관은 대학 캠퍼스의 가장 중심이면서도 가장 전망이 좋은 곳에 자리잡고 있다. 충남대는 대학 캠퍼스 중심부에 총장실을 포함한 대학 본부를 설립하지 않고 중앙 도서관을 건립한 것이다.

이러한 사례는 국내외적으로 매우 큰 희소성이 있다. 그리고 그 희소성이야말로 충남대의 큰 상징이자 자랑으로 전해진다. 이러한 대학 도서관에 대한 가치 부여는 초창기 대학 설립을 주도한 운정과 그와 뜻을 같이한 동교 같은 인물들로부터 연유한 것임을 부정할 수 없다. 운정은 일찌감치 충남대 도서관이 충남대의 중심 건물이자 상징적인 건물이 될 수 있도록 하는 이념의 토대를 제공했다. 운정은 그야말로 학생과 연구자 중심의 도서관 건립을 실행한 선도적인 총장 리더십을 발휘한 것이다.

운정의 총장 리더십 정신은 대덕연구단지 캠퍼스로 이전한 충남대의 중앙도서관 위치 선정에도 크게 반영되었다고 보아야 한다. 그는 대전과 충청남도는 고래로 학자와 애국지사를 많이 배출한 고장이기 때문에 그 전통을 살려 한국학 연구의 전당을 만들어야 한다고 보았고,[67] 충남대 도서관이 그 일에 중추적인 역할을 담당해야 한다고 인식하였다. 운정은 한국학 연구를 중심으로 하여 서울대학교에 버금가는 충남대를 건설하고자 한 학교발전의 뚜렷한 총장 리더십[68]을 지녔던 인물이다.

3.3 인문학 중심의 대학 설계: 역사와 철학, 그리고 윤리의 강조

앞서 살펴본 것처럼 운정은 충남대를 한국학 연구의 산실로 만들고자 했다. 그는 무엇보다 한국의 문학, 역사, 철학 등 인문학의 심층 연구에 진력할 수 있는 분위기를 조성하는 것이 급선무라고 생각했다. 운정이 충남대 총장서리를 맡았을 당시 문리과대학에서 인문학을 담당한 교수진은 학장서리인 민태식(閔泰植, 동양철학)을 비롯하여 손낙범(孫洛範, 국어국문학), 노도양(盧道陽, 문화사), 김창균(金昌鈞, 동양사), 김순동(金舜東, 한문학), 지헌영(池憲英, 국문학사) 등으로 구성되었다.[69] 이들은 당대 한국을 대표하는 저명한 인문학자들로서, 문학과 역사, 철학을 전공한 인물들이다.

운정의 유고집 『안엽기』를 통해 볼 때, 운정에게서는 문 · 사 · 철로 요약되는 인문학 가운데 국문학에 관련된 논의가 거의 발견되지 않는다. 이렇게 국문학 분야에 대한 논의 자체가 운정에게서 절제되고 있음은 그 분야의 전문 학자를 존중하여 모든 책무를 그들에게 위임하고자 한 취지가 있었기 때문이라고 여겨진다. 운정이 대학에서 역사를 전공하고, 명예철학박사 학위를 받은 상황을 고려할 경우, 그는 역사와 철학 분야의 전문성을 가진 인물이었다고 평가된다.

운정은 대학에서 전공으로 배운 역사학과는 별개로 동양철학에 대한 조예도 매우 깊었다. 그와 죽마고우였던 동교의 전공이 동양철학이라는 점을 감안할 때, 두 사람 사이의 인간적 우정이 학문적 우정으로까지 승화되어 이들은 역사와 철학을 겸하여 연구하는 데까지 이르지 않았나 생각된다. 또한 운정은 충남대 총장서리가 되기 전에 이미 다른 대학의 강사와 대학교수로 재직한 이력이 있는데, 중앙불교전문학교에서는 인도철학을 강의하였고, 이화여자전문학교에서는 한국사와 함께 동양철학 분야의 대표학문인 유학을 강의하였다. 운정이 문 · 사 · 철의 인문학 영역 가운데 역사와 철학에 매우 해박할 수밖에 없고, 그에 대한 관심과 애정이 깊을 수밖에 없는 연유가 있었던 것이다.

운정은 대학에서 역사와 철학이 없어서는 안 된다는 생각을 지니고 있었다. 이러한 생각은 충남대의 초창기 건립이념으로 적용되어 당시의 충남대가 비록 외형적으로는 제대로 된 건물 하나 온전하게 갖추지 못했을지라도 인문학의 내실을 공고히 할 수 있는 실력 있는 교수진을 확보함으로써 이들을 중심으로 한 교육과 연구의 토대만큼은 튼실하게 갖추었다는 평가를 가능케 하는 원동력으로 작용했다.

3.3.1 역사의식의 강조

운정은 전문 역사학자답게 충남대의 학생들에게 현실에 대한 정확한 역사인식을 통한 역사의식Historical consciousness[70]의 소중함을 자각할 필요성이 있음을 강조하였다. 운정에게 사상적인 영향을 강하게 미친 위당은 일찍이 이렇게 말한 바 있다. "역사의 줄기와 가지에 대한 구명 작업은 바로 '얼'에 관한 중요한 단서를 찾는 작업이라 할 수 있다. 만일 그 변천에 대한 구명이 확고하게 이루어지지 않으면 그 진가를 발휘하기가 어렵다."[71] 요컨대 전통적으로 면면히 내려온 '얼의 정신'을 찾아야 함을 강조하여 민족의식을 고취하여야 한다고 본 것이다.

역사의식이란 전통적인 한국의 '얼'을 구명하고자 한 위당의 정신처럼 과거의 역사를 반성하고 국가와 민족의 발전을 도모하고자 하는 미래지향적 비전의 방향성을 깨닫는 행위를 가리킨다고 말할 수 있다. 운정은 〈충남대학교 총장서리 취임사〉에서 대학이 민족의 내일을 개척하는 중요한 기관임을 자각하여 국가사회에 이바지해야 한다고 강조했는데,[72] 이 또한 운정의 역사의식과 관련이 있다. 운정은 대학의 존립 목적이 역사의식과 무관할 수 없음을 밝힌 것이다. 이른바 역사의식이 없는 대학은 대학이라고 볼 수 없다는 것이 운정의 입장이었다고 평가된다.

운정은 특히 교육진흥에 대한 투철한 사명의식을 가지고 있었다. 그는 충남대 총장서리와 겸무하던 충청남도지사 직무 시기에 행한 도의회 시정방침 연설에서, "국민교육은 국민생활의 기저가 되는 것으로서 교육의 결과는 직접 그 민족의 역량을 상징하는 것이라고 생각한다"[73]는 입장을 피력하여, 국민교육을 통한 국가관과 민족관 수립을 위해 노력하였다. 그 교육의 핵심 정신은 위당으로부터 영향받은 '민족의 얼'과 '얼의 정신'을 되찾는 것이었다.[74]

운정은 5천 년을 이어온 유구한 민족의 역사에 대해 자긍심을 가지라고 했다. 그리고 그는 단군을 강조하고, 화랑도 정신이나 정몽주, 이색, 길재, 성삼문, 이순신, 최익현, 정인보, 안창호 등의 충절과 주체의식을 기린다. 운정이 기린 대상들은 모두 사적 개인을 넘어서 공동체의 운명과 존립을 위해 헌신한 인물들이라는 공통점이 있다.

올바른 역사의식이란 앞에서 언급한 인물의 경우처럼 개인의 사적인 행복을 넘어서 공동체의 행복을 도모하기 위해 자신을 희생하는 멸사봉공의 삶의 태도와 밀접한 연관성을 갖는다. 올바른 역사의식에서는 위선과 이기주의가 배제되며, 비역사적인 사이비 인격의 요소가 제외된다. 운정은 『안엽기』의 여러 곳에서 당대 현실에 나타나고 있는 이기주의와 이데올로기적인 역사주의를 종용하는 사이비 인격의 요소를 강력하게 비판한다. 그것이 올바른 역사의식에 어긋나기 때문이다. 운정의 주장이 아니라 하더라도 대학의 존립 목적에서 역사의식이 배제될 수 없는 이유가 있는 것이다.

3.3.2 철학적 문제의식의 필요성

운정은 끊임없이 철학philosophy의 필요성과 그 중요성을 언급한다. 널리 알려진 것처럼 철학은 만학의 여왕이요, 인문학의 꽃이다. 철학에는 인생과 세계관에 관한 근원적 질문들이 내재되어 있다. 운정은 〈충남대학교 총장서리 취임사〉를 통해 대학의 정신이 철학적 비전에 토대를 두고 있어야 함을 명시적으로 밝힌 바 있다.

운정은 동양철학을 대표하는 고전의 하나인 『대학』 경1장의 내용을 인용한다. "대학의 도는 명덕을 밝힘에 있으며, 백성과 친함에 있으며, 지극한 선에 이르는 데 있다"[75]는 것이 그것이다. 운정의 철학적 문제의식을 대변하고 있는 이 『대학』 경1장의 내용은 동양철학의 수양론과 경세론, 그리고 윤리학적 입장을 매우 폭넓게 반영하고 있다.

그런데 운정의 취임사에서는 대학university의 이념과 『대학』에서 제시한 '대학의 도'를 등치관계로 인식하였음이 확인된다. 물론 『소학』에 비해 상대적으로 『대학』은 대학생이 읽어야 할 경전에 해당할 것임에는 이견이 없겠지만, 대학생이라면 마땅히 『대학』의 도를 구현하려는 철학적 목표를 가질 필요성이 있음을 전제한 인식이었다고 파악된다. 『대학』에서 제시한 '대학의 도'란 '큰 학문의 도'로서, 대학의 지성인들이 목표로 삼아야 할 것임에 의심의 여지가 없기 때문이다.

운정은 충남대 총장서리에 취임하는 자리에서 『대학』 경1장의 내용을 인용한 후 "대학은 어디까지나 인간 본연의 성품에 투철한 인격을 함양하여 각자 개개의 개성을 발휘하여 국가사회에 이바지하려는 데에 그 존립의 목적이 있는 것이니, 본 이념에 투철하여 일로매진하여야 한다"고 역설한다.[76] 그는 충남대 학생들에게 대학생이라면 마땅히 인격 함양을 위해 정진함으로써 국가사회를 위해 봉사하는 삶을 살겠다는 뚜렷한 목표를 가지고 생활해야 한다고 당부한 것이라 할 수 있다.

다른 한편 운정은 충남대 총장서리를 역임한 이후에도 인간이라면 반드시 철학적 사유를 외면할 수 없게 되어 있음을 실존적 물음을 원용하여 논의한다. 운정은 "우리는 어디서 왔으며 우리는 무엇이며 또 우리는 어디로 가는가"를 묻는다.[77] 그리고 이에 대해 이렇게 말한다. "폴 고갱 Paul Gauguin이라는 프랑스의 인상파 화가가 현대문명에 환멸을 느끼고 자연과 원시를 찾아간 곳이 대양주의 타이티였고, 거기서 그린 한 화면에 이와 같은 화제를 써 놓고 죽었다. 우리의 소종래는 어떠하며 우리는 무엇을 어떻게 하고 있으며 또 우리는 장차 어떤 방향으로 갈 바를 설정하는가?"[78] 인생의 근원적인 문제들을 찾아가는 철학적 사유가 우리의 현주소를 반성케 해주리라는 생각 때문에 운정은 늘 이와 같은 철학적 문제의식을 가지고 살 것을 요청했다고 본다.

운정은 그 철학적 문제의식이 언제나 새로운 형태와 방식으로 현실에서 살아나야 한다는 점을 잊지 않기를 희망한다. 운정은 이렇게 말한다. "희랍의 플라톤Platon이나 아리스토텔레스Aristoteles의 사상도 그 전 체계를 받아들일 수는 없지만, 그 근본 사상은 언제나 새롭게 살아날 수 있는 것과 마찬가지다."[79] 이처럼 전통철학도 현실에서 늘 새로운 것들과 만나 새롭게 변화하여 살아날 수 있기를 바란 것이 운정의 입장이었다. 지금 이 자리에서 나와 우리의 현장성을 묻는, 살아있는 철학적 문제의식을 요청한 것이라 볼 수 있다. 운정은 충남대에 이러한 철학을 심고자 한 것이다.

3.3.3 윤리실천의 중요성

운정은 충남대 총장서리와 함께 겸직하던 충청남도지사가 되었을 때 양심사회 건설을 목표로 도정을 운영하였다. 후일 성균관장으로 활동할 시기에 발표한 운정의 논설문이나 연설문에서는 이 양심사회 건설에 대한 언급이 매우 많다. 그런데 운정은 자신이 제창한 양심사회가 구현되기 위해서는 윤리ethics가 실천되지 않으면 안 된다는 입장을 피력한다.

운정은 윤리의 정의가 간단치는 않지만, 이를 인륜으로 이해한다면 큰 문제가 없을 것이라고 본다.[80] 이러한 전제를 인정한다면 윤리란 인간과 인간의 상호관계성에서 마땅히 서로가 지켜야만 할 당위의 원리를 말하는 것이라고 볼 수 있다. 그리고 평생 유학적 독서인으로 살았던 운정의 입장에서 볼 때, 윤리란 오륜과 같은 다섯 가지 인간관계의 질서라고 이해 가능한 개념이다. 즉 부자 · 군신 · 부부 · 장유 · 붕우 상호 간에 지켜야 할 도리가 그것이다.

유가가 제시한 인륜과 관련하여 일찍이 맹자는 이렇게 말한 바 있다. "사람에게는 도가 있다. 배부르게 먹고, 따뜻하게 입고, 편안하게 살면서 배움이 없으면 금수에 가깝다, 성인이 이를 걱정하여 설契을 사도로 삼아 인륜을 가르쳤으니, 부모와 자식 사이에는 친함이 있어야 하고, 임금과 신하 사이에는 의리가 있어야 하며, 부부 사이에는 구별이 있어야 하며, 어른과 어린이 사이에는 순서가 있어야 하며, 붕우 사이에는 신의가 있어야 한다."[81] 이와 같은 맹자의 말은 오래된 것이라 자칫 고개를 돌리기 쉽지만, 사람과 사람 사이의 윤리로서의 인륜을 마냥 낡은 도덕이나 고루한 계율을 지키라는 것으로 오해해서는 곤란하다는 것이 운정의 생각이었다.[82]

운정은 윤리에 대한 관심과 그에 대한 실천 의지가 매우 강했다. 그는 한국과 일본의 교육을 비교해볼 경우만 하더라도 한국에서는 『수신』이나 『윤리학』 과목에 대한 교육이 상대적으로 적고, 그 중요성조차 현저히 낮게 평가되는 상황이라고 파악한다.[83] 운정은 이를 매우 안타깝게 생각하고 도의교육道義教育 부재의 현실을 반성하면서,[84] 하루속히 윤리교육이 강화되어야 함을 역설한다. 운정은 특히 오륜 가운데 기본이라고 할 수 있는 첫 번째 덕목인 '효'를 중시하면서, 효에 대한 실천 운동을 제창한다. 그는 효의 윤리를 찾아 인간완성의 길을 닦고 이를 대타적인 관계에 적용하여 확장해 나아가야 한다고 역설한다.[85] 효가 백행의 근본이라고 본 인식 때문이다.[86]

이와 같은 윤리에 관한 입장과 윤리교육 강화에 대한 의지는 운정의 평소 지론이었다. 그는 윤리를 사회정의의 이념으로 이해하여 이를 신조로 삼고 살아야 한다고 본다.[87] 운정이 충남대 총장서리로서 직무를 수행한 2년여 기간에도 이러한 입장은 변함없이 적용되었다. 운정은 1952년 충청남도지사로 부임하면서 양심사회 구현을 시정방침으로 정했는데,[88] 이 시기에 그는 충남대 총장서리를 겸직하고 있었기 때문에 그가 세운 시정방침은 충남대의 교학 이념에 고스란히 반영되었을 것임을 부정할 수 없다. 그는 모든 충남대 구성원들이 각자 인격 연마를 통해 개인을 넘어 국가와 세계로 자신의 꿈과 의지를 관철시켜 나아갈 수 있기를 기대하였다.

운정이 『대학』에서 제창한 유가의 '수신-제가-치국-평천하'의 원리를 중시한 것[89] 역시 이와 같은 사유에 기초한다고 볼 수 있다. 이러한 『대학』의 정신은 유가철학의 '수기'와 '치인'의 정신으로 요약된다. "수기란 … 인간사회의 연관 속에서 자기를 닦는 것이며 수기로 닦은 덕을 세상에 나아가 널리 펴서 이상적인 세상을 만들자는 것이다. 수기는 곧 직접적인 윤리요 치인은 광의의 정치윤리인 것이다."[90]

요컨대 운정은 자아의 인격을 닦아 늘 덕으로써 타자를 배려하고, 또한 그것을 세상에 펼쳐 나아가면서 살 것을 요청한 것이다. 이를 위해 운정은 양심과 윤리실천의 필요성을 강조하였고, 이것을 충남대의 토대가 되는 기본정신으로 만들고자 노력한 것이다. 이러한 운정의 교육이념을 현실에 제대로 구현할 수만 있다면, 양심사회의 도래는 그 실현 가능성이 더욱 높아질 것이라 예상된다.

4. 인문학의 비전 또는 운정의 총장 리더스피릿

영국 랭커스터대학교 영문학 석좌교수인 테리 이글턴Terry Eagleton은 『문화란 무엇인가』라는 책을 통해 '대학이란 무엇인가?'에 대해 심각한, 그러면서도 매우 근원적인 문제를 제기한 바 있다. 그는 이렇게 말한다.

> 인문적 비판의 핵심부로서 수세기에 걸친 전통을 가진 대학은 현재 야만적일 만큼 속물적인 관리 이데올로기의 지배 아래 놓인 사이비 자본주의 기업으로 전환되면서 사라지는 중이다. 한때 비판적 성찰의 무대였던 학술 기관들은 마권 판매소와 패스트푸드점과 더불어 시장기관으로 점점 축소되고 있다. 이제 대부분의 대학은 가치란 주로 부동산의 문제라고 여기는 테크노크라트들의 손아귀 속에 있다. 대학의 새로운 지식 프롤레타리아들은 플라톤과 코페르니쿠스에 대한 그들의 강의가 얼마나 경제에 많은 도움이 되는지의 여부로 평가받으며, 취직 못한 졸업생들은 일종의 룸펜 지식인 무리를 구성한다.[91]

대학의 기본이념이 속물적인 관리 이데올로기에 의해 사라지고 있으며, 대학의 가치는 이제 테크노크라트technocrat들에 의해 물신화된 지 이미 오래라는 지적이다. 이러한 대학의 물신화 구조 속에서 철학을 포함한 인문학의 가치는 매우 절망적이라는 것이 테리 이글턴의 입장이다.

테리 이글턴이 말하는 테크노크라트는 전문지식을 갖춘 직업관료라는 가치중립적 개념이 아니라, 사회의 기계화와 조직화를 가속화시키는 존재라는 일종의 이데올로기적인 개념의 특성이 강하다. 이들은 신자본주의와 결탁하여 전통 인문학에서 존숭한 종이책에 대한 가치조차 부정하면서 이들을 감시하고 관리하는 역할을 담당한다.[92]

운정이 자신의 시대에 테크노크라트의 탄생을 예상하고 있었는지에 대해서는 정확하게 알 수 없다. 운정의 시대만 하더라도 인문학적 가치가 사회를 이끌어 나아가는 원동력을 제공하고 있었고, 관료들도 전문적인 기술관료보다는 인문학적 소양을 갖춘 인물들이 대부분이었기 때문이다. 그러나 지금은 시대가 변하여 이전의 많은 전통적인 가치들이 전복된 상황에 놓여있다. 그렇다면 운정이 생각하였던 인문학적 가치들은 전혀 의미가 없는 것인가에 대해 다시 한번 묻지 않을 수 없다.

사회가 급변하여 제아무리 기술적인 가치가 인문학적인 가치를 압도한다고 하더라도, 결국 기술도 인간의 행복을 위해 존재하는 것이라면 기술과 인간은 상호 화해하지 않으면 안 된다. 그래서 그 화해의 중심에 인간다움을 전제로 한 가치가 자신의 역할을 제대로 수행할 수만 있다면,[93] 사회의 발전은 좀더 바람직한 방향성을 갖게 될 것이라 여겨진다. 운정의 총장 리더십에 주목할 경우 그 인간다움의 가치란 인본주의적인 특성을 갖는 것으로서, 그 궁극의 비전은 홍익인간의 정신을 구현하는 것으로 귀결된다. 또한 이러한 비전의 제시야말로 인문학의 미래를 밝히는 하나의 대안이다.

운정은 인간의 인간다움을 '얼의 정신'에서 찾고, 진정한 리더라면 자신의 주체성 확립과 더불어 타자에의 배려 정신을 잊지 말아야 한다고 강조한다. 그리고 이러한 정신은 공동체 구성원의 인화 문제로 귀결되어 상호 소통과 조화의 관계성 확립 문제로 이어진다. 실제로 운정은 단과대학 간에 혹은 교수 상호 간에 인화를 도모하여 충남대의 토대를 굳

건히 하였다고 평가된다.[94] 운정의 총장 리더십은 대학에 참된 인문학의 정신을 뿌리내리고자 한 것이었다. 운정의 총장 리더십 정신은 인간이 중심이 되어 세계를 이분법적으로 갈라 세운 후 그것을 차별한다거나 인간이 기술이나 대상 세계에 매몰되어 자신의 주체성을 잃어버리고 물상화되는 방식의 존재 형식을 거부한다.

이와 같은 인문학적 정신 위에서 운정은 인간과 기술의 근간이 되는 과학의 소통을 주장한다. 그 역시 과학의 진보 발달에 따라 인류 생활의 각 분야에서 많은 변화가 일어난다는 점을 직시한다. 그는 국방력의 강약도 과학교육의 정도 여하에 따라 결정된다는 점을 잘 인식하고 있었다. 이러한 점 때문에 그는 과학교육에 치중하여 이에 대한 적극적인 진흥책을 강구, 실천해야 한다는 입장을 분명히 밝히기도 했다.[95] 그는 충남대가 인류사회에 공헌할 수 있는 정신문화의 전당으로서, 또 과학문명의 전당으로서 크게 발전할 것을 염원하여 마지않았다.[96]

운정은 또한 요즘의 평생교육의 범주 안에 포함될 수 있는 성인교육의 중요성을 강조하여 문맹을 방치해서는 안 된다고 주장하기도 한다. 문맹을 방치한다는 것은 민주정치의 원리에 위반된다는 것이 그 이유였다. 그는 "성인교육은 지도층의 열의만 있으면 그 시간과 장소를 선택할 필요도 없으며 또한 경제가 반드시 수반되어야 하는 것도 아니라고 생각"하였다.[97] 성인교육은 개인의 가치 있는 삶과 구성원 상호 간의 믿음을 공유한다는 장점이 있다. 성인교육이 담당하고 있는 인문학적 가치가 있는 것이다.

이상에서 살펴본 것처럼 운정은 인문학적 정신으로 대학을 디자인하여 과학교육과 성인교육을 포함한 평생교육의 성과를 통해 개인과 공동체의 행복을 지향하는 총장 리더십을 발휘하였다. 그런데 충남대 총장 서리로서 그가 쌓은 업적은 그의 조력자이자 실질적인 인문학 리더십의 발현자였던 동교 민태식을 제외하고 평가하기 어려운 측면이 있다. 운정은 자신이 기획한 충남대 건설의 방침과 정신이 동교 이후에 중단되었다고 안타까워했다. 충남대 초대 총장이었던 동교가 자리에서 물러난 이후 한국 고서적 수집도 중단되었고, 국내 최고의 한국학 연구의 산실을 만들고자 한 의지도 어느 사이엔가 있는 듯 없는 듯 사라져 버렸다고 한다. 〈역대 총장의 회고와 전망〉(1977.5.23.)에서 운정은 이것이 유감이라고 밝혔다.[98]

운정이 세상을 떠나고 없는 지금, 운정의 유감이 후학들에게 현재진행형으로 남아있다는 이 엄연한 현실이야말로 인문학이 고사되고 있는 현실에서 더 큰 유감일지도 모를 일이다. 대학을 인문학으로 디자인하고 그 위에 과학과 공학의 색깔을 입힐 수 있는 새로운 시대의 총장 리더십이 기다려지는 시점이다. '인문학의 미래가 곧 대학의 미래'라고 본 김현진의 다음과 같은 말은 여전히 유효하고, 유효해야만 한다는 것이 나의 입장이다.

> 대학이 단순한 지식 공장, 지식 박물관이 아니라 창의적이고 윤리적인 지성의 요람으로 기능하기 위해서는 대학의 동맥에 인문학의 피가 흘러야 한다. 도대체 언제까지 인문학 타령을 할 거냐고 하면, (…) '본질에 대한 사유'에는 결코 유효 기간이 있을 수 없다고 힘주어 말할 것이다.[99]

PART 2

유학과
리더스피릿

숙모전(肅慕殿) 대제전(大祭典) 기념 동계사(東鷄祀) 대웅전 앞에서,
오른쪽에서 네 번째가 운정 선생 (1972년 11월 29일)

인본과 윤리:
운정 성락서의 유가사상에 반영된 리더십 정신

이종성

1. 들어가는 말

이 글은 운정芸庭 성락서(成樂緖, 1905-1988)의 유가사상에 반영된 리더십 정신의 특성을 살펴보는데 그 목표가 있다. 해방 이후 대한민국의 대표적인 정치인이자 행정가요 학자이기도 했던 운정이지만, 세월이 흐른 지금 그는 많은 이들의 기억으로부터 멀리 벗어나 있는 것이 사실이다. 이에 이 글에서는 운정의 이력을 간략하게 짚어보고, 그의 사상적 지향처와 거기에 반영된 리더십 정신의 주요 특성을 살펴보고자 한다.

먼저 운정의 간략한 이력을 살펴보자. 운정은 운포芸圃 성보영成普永[1]의 장남으로 충청남도 공주군 공주읍에서 태어나 향년 84세를 일기로 충남대학교 의과대학 부속병원에서 별세하였다. 그는 공주공립보통학교를 졸업하고 경성제일고등보통학교(현 경기고등학교)를 졸업한 후 경성제국대학(현 서울대학교) 문학부를 졸업하였으며, 이후 중화민국 중화학술원과 충남대학교에서 각각 명예철학박사학위를 취득하였다.[2]

운정은 교육자로서뿐만 아니라 전문 행정가, 정치가로서도 명망이 높았던 인물이다. 그는 중앙불교전문학교 강사(1930-1932), 이화여자전문학교 교수(1932-1939), 성균관대학교 학감(1947), 국학대학 교무처장(1947), 충남대학교 총장서리(1952-1954) 등으로 해방 이후 초창기 한국의 대학 교육 발전을 위해 남다른 업적을 남겼으며, 특히 대전의 명문사학의 하나인 보문중학교를 설립하여 초대 교장을 역임(1945)한 이력의 소지자이기도 하다. 또한 그는 제헌 국회의원과 충청남도지사로 활동하면서 탁월한 업적을 남겼고, 65세 이후에는 성균관 관장을 맡아 11

대(1970년 6월 21일)부터 13대(1976년 7월 24일)까지 3대에 걸쳐 6년 여 기간을 역임한 인물이다.[3]

운정은 조선의 국운이 다해가던 고종황제 광무 9년에 태어나 일제 강점기와 6 · 25 전란 등을 두루 겪으며 격동의 한 세기를 살았던 20세기를 대표하는 지성인의 한 명이다. 그럼에도 운정에 관한 연구는 지금까지 대단히 미진한 편이다. 현재 KCI에 등재된 연구논문은 이정우의 「1970년대 운정 성락서의 변혁적 리더십으로서의 유학활동-『안엽기』를 중심으로-」[4] 및 「20세기 후반 성락서(成樂緖)의 공공부문 활동에 있어서의 변혁적 리더십-안엽기(『鴈葉記』)를 중심으로-」[5] 등 2편이 전부이다. 이 2편의 논문은 운정의 대표적인 유학사상을 살펴볼 수 있는 〈유가유신론〉과 〈윤리〉를 중심으로 연구한 것으로서, 운정의 사상적 좌표와 이념적 지향처를 살펴볼 수 있는 대표성과에 해당한다.

이와 같이 운정에 관한 연구성과가 소략할 수밖에 없는 이유로는 운정의 유고집인 『운정 성락서선생 문집 안엽기芸庭 成樂緖先生文集 鴈葉記』(이하 『안엽기』)[6]가 전해지고 있을 뿐, 운정의 사상을 직접적으로 확인할 수 있는 그의 구체적인 연구논문이나 저술이 미간행되었거나 일실되어 널리 알려지지 못했기 때문이다.[7] 한편 운정의 저술 가운데는 그가 이왕직에서 촉탁으로 있을 때 발행한 『조선음악서』[8]와 같은 조선음악의 선구적인 연구 성과도 있어서 관련 분야에 종사하는 연구자들의 손길을 기다리고 있는 중이다. 그러나 이 저술의 경우 운정의 유가사상적 리더십의 특성을 조명하는 이 글의 범위와는 거리가 있기 때문에 여기서는 논외로 함을 밝힌다.

이 글은 운정의 유고집 『안엽기』를 저본으로 연구를 진행할 예정이며,[9] 기존의 연구 성과를 최대한 참조하여 그 연장선상에서 논의를 진행할 것임을 밝힌다. 다만 이 글은 운정 연구의 선구자 격인 이정우의 경우처럼 운정의 다채로운 사유반경 가운데 특히 유가사상에 초점을 맞추어 논의를 전개할 예정이다. 그것은 운정의 삶을 일관하는 중심사상이 유가사상이었음을 부정할 수 없다는 점 때문이다.

운정은 어려서부터 집안에 한문 선생님을 모셔놓고 『소학』, 『동몽선습』, 『통감』을 비롯한 『논어』, 『맹자』, 『대학』, 『중용』 등의 사서를 두루 익혔다고 한다.[10] 이는 태생적으로 형성되어 있던 운정 가문의 유교적 가풍이 어떠하였는지를 짐작케 하는 사례이다.[11] 물론 운정이 중 · 고등학교와 대학에 진학하면서 유가사상[12] 이외에도 외국어와 역사, 음악과 문학 등 다양한 분야의 신학문을 폭넓게 습득하면서 세계와 인생을 바라보는 시야를 넓힌 사실까지 부정할 수는 없는 일이지만, 운정이 어린 시절부터 습득한 유가의 경전과 그 사상은 그가 교직경력과 정부봉사, 정치활동, 그리고 사회봉사를 수행하던 후반기 삶에 결정적인 영향을 미쳤다고 평가된다.

운정의 후반기 삶은 투철한 유교지식인의 삶 그 자체였다. 그는 1960년대 후반 성균관재단 이사장직을 수행하고 난 후 1970년부터 세 차례에 걸쳐 성균관장의 직임을 수행한다. 이러한 이력은 운정이 유교와 생활의 일원화를 제창하여 지행합일을 실천하는 결정적인 계기로 작용하였다고 볼 수 있다. 실제로 운정은 공자의 탄신일을 스승의 날로 제정하자고 제창[13]하였고, 한국공자학회를 손수 만어고 초대 회장으로 추대되어 활동하였으며, 충현서원 이사장과 숙모회 이사직을 역임[14]할 정도로 공자주의적인 삶을 살았던 인물이다. 이러한 이유 때문에 이 글에서 운정을 유교지식인으로 상정하고 논의를 전개하는 데는 아무런 문제가 없다고 판단된다.

2. 인간의 주체성 강조와 인본주의적 리더십 정신

운정은 E. 프롬(Erich Fromm, 1900-1980)의 말을 인용하여 "인간의 삶은 그 자체가 예술이며 인간은 자기 자신이 자기의 삶의 예술을 창조해 가는 예술가"[15]라고 한다. 운정은 "여기 예술이라 함은 art의 역어로서 수단 방법, 즉 기술의 의미로 해석할 수 있고, 인간은 자기의 생을 창조해 나가는 기술자artist로 의역될 수 있다. 그는 인본주의적 개념에서 상실된 인간성을 회복하여 인도주의 사회건설을 역설하면서 그것은 맹자의 성선설을 기본으로 자연스러운 이성의 발로로서 윤리의 개념에서 출발해야 한다고 설파하고 있다"[16]고 풀이한다.

이와 같은 운정의 관점은 일정한 한계에 노출되어 있다. 운정이 E.프롬의 인간성 회복의 문제를 맹자의 성선설과 같은 동일계열에서 비교하였다는 점이 그것이다. 인간 본성에 대한 E.프롬의 입장은 선과 악에 대한 직접적인 문제에 대해서보다는 이분법적 모순을 지니고 살아가는 인간의 실존적 상황 자체를 주목했다는 점에서 맹자와 다르다. 요컨대 인간 본성이 선과 악으로 고정된 것이 아니라는 E.프롬의 입장은[17] 결정적으로 인간 본성을 선으로 규정한 맹자와는 차별된다는 점에서 양자의 사상을 동일선상에서 논의하는 것은 주의를 요한다.

그럼에도 운정의 입장은 인간의 주체성을 강조한 인본주의적 특성으로 집약된다. 유가에서는 인본주의적 특성으로 집약되는 인간의 주체성만이 '진실한 주체성'real subjectivity이라고 본다. 이러한 주체는 생물학적 또는 심리학상에서 말하는 주체와는 다르다. 그것은 도덕 형이상학적 특징을 가질 뿐만 아니라 가치를 체현하는 진실무망한 주체인 것이다. 공자의 인이라든가 맹자의 성선설은 모두 이 진실무망한 주체로부터 도출된 개념이다.[18]

이와 같은 맥락에서 볼 때, 운정의 리더십 정신에서 발견되는 인본주의의 특성은 특히 맹자의 성선설에 토대를 둔 것이라는 점에서 유가사상적 특성을 지닌 것임이 확인된다. 운정은 특히 인간 심성에 대한 긍정적 믿음을 바탕으로 인도주의 사회건설을 목표로 삼아 그 실천을 위해 노력해야 함을 강조한다. 그는 이것이 자연스러운 이성reason의 발로라고 본다.

물론 운정이 주목하는 이성의 의미는 서구 근대의 이분법적 이성이나 막스 호르크하이머(Max Horkheimer, 1895-1973)가 비판하는 종류의 도구적 이성과는 차별되는 건전한 이성이 아닐 수 없다. 도구적 이성이란 주관적 이성이라고 규정될 수 있는 것으로서, "모든 자발성과 생산성, 그리고 새로운 종류의 내용을 발견하고 그것을 타당하게 만드는 힘을 상실한다"는 특징이 있다.[19] 또한 그것은 타자에 대한 지배원칙을 표명하며 모든 것을 희생 제물로 만드는 한계를 드러낸다.[20]

운정은 유가 지식인답게 이성의 영역을 사물 판단의 객관적 분별 능력으로만 보지 않고 윤리 판단의 도덕성의 영역으로까지 확장하여 인식하는 면모를 보인다. 이는 이성의 범주를 도구적이거나 주관적인 성격으로 파악하지 않았음을 의미한다. 이러한 운정의 이성관은 송대 신유학자 장횡거(張橫渠, 1020-1077)의 지식론적 전통을 계승하는 것으로서, '견문지'와 '덕성지'를 포괄하는 겸전의 범주 안에서 논의 가능한 유가사상적 특징이 있다.

운정이 표방한 인본주의란 인간존재와 인류사회의 존엄을 강조하는 인간중심주의적 사상이다. 일반적으로 휴머니즘Humanism으로 번역되는 인본주의는 '보다 인간다움'을 어원으로 삼는다. 그것은 인간의 현재 상태 자체보다도 더 인간다움을 추구한다는 특징이 있다.[21] 유가에서는 인간의 인간다움을 인仁이라고 규정한다.[22] 인이야말로 유가사상의 핵심 가치이며, 그것은 천도와 밀접한 관련을 갖는 형이상적 실재로서 창조성 그 자체creativity itself이다.[23] 유가는 인간다움의 덕목을 갖춘 이상적 인격을 지향한다. 유가는 이러한 이상적 인격을 성인, 군자 등으로 규정하고 있지만, 운정의 『안엽기』에서 이 개념들은 등장하지 않는다. 다만 그 인간다움의 덕목을 갖춘 최고 인물로서 유교사상의 정점인 공자(공부자)가 제시되고 있을 뿐이다.[24]

인간다움의 덕목을 갖춘 인간은 '수단 방법을 가리지 않는 자기만의 이익'에만 머물지 않는다.[25] 유가는 사회적 상호작용의 각 차원마다 각 사회적 단위에 대한 자신의 헌신을 필요로 한다. 씨족으로부터 부락, 국가, 천하로 그 외연이 확대되는 인간 관계망과 긴밀하게 상호 교류하기 위한 자각의 필요성을 중시하는 것이 바로 유가이다.[26] 유가는 마치 살아있는 생물과도 같은 활발한 자기 확장성을 갖는다.

이러한 자기 확장성은 한국인의 사유반경 가운데 널리 자리 잡은 '홍익인간'의 정신과 밀접하게 맞닿아 있다. 그것은 주체적 자아를 강조한 대표적 인본주의의 사유 형태에 해당한다. 운정은 '홍익인간이란 인류문화의 대사상'이라고 전제하고 '우리 민족 장래의 인본적 가치'라고 평가한다.[27] 잘 알려진 것처럼 홍익인간의 대전제는 단군신화로부터 비롯되는데, 운정은 『안엽기』 곳곳에서 단군신화의 의의에 대해 강조한다. 단군신화는 하늘과 땅이 인간을 지향하는 세계관을 표현하고 있다는 점에서 "한국 인본주의 사상에 있어 가장 소박한 철학적 기저를 제공"한다는 의의가 있다.[28] "우리나라의 모든 사상, 신앙, 종교는 단군신화에서 연원되는 전통 정신이 뿌리 깊게 전승되어 어떤 외래사상도 이 전통에 영합되면 빛을 보지만 그렇지 못하면 대중 속에 파고들지는 못"[29]할 정도로 근원적인 것이었다.

홍익인간에 기초한 운정의 인본주의적 리더십 정신은 인권human rights 문제의 강조로 이어진다. 운정은 "본래 사람은 누구든지 그 출생과 생존에 있어서 자유요, 평등이며, 이 자유에 대한 권리, 평등에 관한 권리는 남에게 넘겨 양도해 줄 수도 없는 또 한정된 시효도 없는 항구적인 기본권리이며 인류는 이와 같은 자유와 권리에 대한 안전보장을 받기 위해서 나라를 세우고 정부를 조직하는 것"[30]이라고 주장한다. 운정은 인권이 자유와 평등, 민주, 박애 등의 현대적 용어들로 설명될 수 있는 개념이라고 보고, 이들이 홍익인간의 근본정신을 이룬다고 간주한다.[31]

운정은 인권은 천부적인 것이며, "모든 정부 기관의 유일한 사명은 그 인민의 자유와 권리를 보호 보장하는 데에 있는 것"[32]이라고 하여 국가와 정부는 인권을 보장할 책무를 진다고 한다. 인권은 철저하게 보호 보장되어야 한다는 것이 운정의 입장이다. 예나 지금이나 인권은 자타 상호 간에 존중되어야 하는 것으로서, '단순한 구호'에 그쳐서는 안 될 이념이다.

운정이 볼 때 인권옹호가 강조되는 까닭은 그것이 쉽게 유린당할 수 있는 성격을 지니고 있기 때문이다.[33] 이것은 인권을 주변화하고 그러한 주변화를 정당시하는 국가안보관[34]을 염두에 둔 분석이다. 이와 관련하여 운정은 직접적으로 공산주의 사회를 지목한다. 그는 공산주의 사회에서는 인권이라는 어휘조차 운위되지 않을 뿐만 아니라 인권유린이 도처에서 너무나 당연하다는 듯이 아무렇지 않게 이루어지고 있다고 주장한다.[35] 그러나 '인권을 희생시키면서 국가안보를 달성할 수 없다는'[36] 것이 운정의 입장이다.

운정은 "국제 공산주의에는 민족도 국가도 없다. 부모 · 처자 · 형제도 없다. 오직 주의가 있을 뿐이다. 주의가 다르면 그것은 곧 적인 것이다"[37]라고 하여 국제 공산주의 사회가 표방하는 '-이즘'-ism의 이데올로기를 전면 비판한다. 또한 그는 당시 북한 정부를 '북괴北傀'[38]라는 개념을 동원하여 비판하면서, 그들이 "남한의 어부를 납치하고 어선을 포격하고 철도를 폭파하고"[39] 있을 뿐만 아니라 무자비한 '인명 살상'[40]을 자행하고 있다고 고발한다. 더욱이 6 · 25를 직접 겪은 운정은 북한 공산정권이 "노인, 유아까지도 학살하는 잔인한 만행"을 저질렀다고 고발하면서, 그들의 인권유린의 실태를 강도 높게 비판하기도 한다.[41]

뿐만 아니라 운정은 조선이 일제에 의하여 강제 합병됨으로써 "한민족이 자유를 잃고 왜놈의 쇠사슬에 짓밟힌"[42] 경술국치(1910)의 사건 또한 타자에 의해 인권이 침탈된 대표적인 사례 가운데 하나였다고 강조한다. "일제는 36년 동안 이 정신 말살 정책을 가지마다 잎새마다枝枝葉葉 시행"[43]하였고, "당돌하고 포악한 왜정은 갖은 악랄하고 비인도적인 수단과 방법으로 학대를 감행하였"[44]을 뿐만 아니라, 당시 3천만의 한민족을 질곡에 빠뜨렸던 것이다.[45] 운정은 이와 같은 '일제 식민지 폭정'을 반인권적인 사건으로 규정하고 이를 준열하게 비판하였던 것이다. 그 비판의 근본 원인은 일제가 '민족자결 원칙'을 철저히 파괴한 결과 때문이었다고 볼 수 있다.[46]

이상과 같은 인권 옹호문제와 관련된 운정의 리더십 정신은 주로 운정이 국제인권옹호한국연맹 충청남도지부 위원장으로 활동하던 시기에 발표한 〈인권공동선언 12주년 기념식 개회사〉(1960.12.10.), 〈기념사〉(1964.12.10.) 및 〈중도일보〉에 기고한 글(1966.1.21)[47] 등에 제시된 내용들에서 확인 가능하다. 운정은 인권이 완전한 형태로 보장되기 위해서는 법률을 철저하게 준수하고, 경제적 불공정을 없애고, 정치적 폭력과 권력남용을 제거하여, 이에 대한 재검토와 반성이 있어야만 한다고 주장한다.[48] 인권 옹호에 관한 운정의 리더십 정신은 현실적용의 측면에서도 강한 실천성을 드러냈을 것임에 의심의 여지가 없다.

3. 양심사회 건설의 제창과 윤리적 리더십 정신

더 자주 더 오래 숙고하면 할수록 언제나 새롭고 늘 커지는
경탄과 경외로 마음을 채우는 두 가지가 있으니,
내 위에 별이 총총한 하늘과 내 안의 도덕법칙(양심)이다.[49]
— 칸트(Immanuel Kant)

운정은 자신이 살아가던 20세기 한국의 사회적 상황이 여러 가지 병폐를 안고 있다고 지적한다. 이와 관련하여 『안엽기』에 산재되어 있는 내용들을 세 가지 측면에서 살펴보면 다음과 같다.

첫째, 운정은 무엇보다 '외래문화의 무분별한 유입과 퇴폐풍조의 만연'이 문제라고 보고 이에 대한 반성이 필요함을 역설한다. 그가 볼 때 외래문화라고 모두 나쁜 것이라고 볼 수 없음에도 그것이 문제로 지적될 수밖에 없는 것은 한국에 유입된 외래문화가 본질적인 것은 배제한 채 피상적인 것, 퇴폐적인 것만을 좇는 경향이 있기 때문이었다. 온갖 외설스럽고 기괴하고 엽기적인 것들이 외래문화의 피상성과 퇴폐성을 대변하고 있던 당대의 사회적 분위기가 걱정스럽게 받아들여진 것이다.[50]

운정은 외래문화를 무작정 배격하지는 않는다. 그는 "다만 외래문물을 자기화시킬 줄 아는 슬기를 지녀야 한다"는 입장에서 "남의 것을 무분별하게 모방하다가는 자기 상실을 가져온다"는 점을 경계한 것이다.[51] 온갖 외설스럽고 기괴하고 엽기적인 것들을 배제해야 한다고 본 운정의 입장은 그가 유가의 정점이라고 규정한 공자의 사상적 입장과도 무관하지 않다. 공자는 일찍이 '괴력난신', 즉 괴이하고 폭력적이며 어지럽게

혼란스러우며, 귀신에 관련된 일 등을 경계해야 한다고 보았기 때문이다.[52] 이러한 점에서 볼 때 운정의 비판의식은 유가사상적 배경에서 발로한 것임에 분명하다.

둘째, 운정은 반사회적인 행위antisocial behavior가 사회 저변에 유포되어 있다고 보고, 이것이 국가와 민족, 나아가 국제사회를 좀먹게 할 뿐 아니라 망치고 있다고 비판한다.[53] 운정은 특히 반사회적인 행위를 일삼는 자를 가리켜 '악질업자' 또는 '악질분자'라고 규정하면서, 이들을 엄단해야 한다고 주장한다.[54]

운정이 '악질업자' 또는 '악질분자'라고 규정한 이들은 주로 반사회적 행위를 일삼는 정치인과 기업인들을 가리킨다. 그리고 운정이 볼 때 이들은 '반사회적이라기보다는 실로 파렴치한' 사람들로서, 그야말로 "나만 잘살면 그만이라든가 내가 살기 위해서는 무슨 짓이라도 서슴지 않을 수 있다고 하는 방식의 사고나 습성"을 가진 사람들이다.[55] 이들의 사고방식은 극단적 이기주의에 기반을 두고 있으며, 이로부터 비리, 배신, 허위, 불의, 사치, 포악 등의 반사회적 행위가 발생하게 되어 있다는 것이 운정의 생각이다.[56]

유가사상에서는 가족과 사회를 부정하는 '무부무군無父無君'과 같은 종류의 행위는 모두 반인륜적인 것이라고 보아 극력 배격한다. 이는 공자의 사상을 계승한 맹자가 양주와 묵적을 적극 부정한 것과도 깊은 관련성이 있다.[57] 맹자는 양주와 묵적을 유가사상과는 그 사상의 단서가 다르다 하여 배격하였는데, 운정은 작금의 현실에서 공산주의가 그와 다르지 않다고 보았다. 운정이 볼 때, 공산주의가 가족제도를 중시하지 않는 점은[58] 맹자가 비판한 '무부무군'의 범주에서 크게 벗어나지 않는 것이었다.

한편 합의된 약속을 일고의 여지도 없이 위반한다든가 위장과 허위를 일삼는 국제관계 역시 반사회적 행위의 연장선상에 있다. 한 손에는 총을 들고 다른 손에는 평화의 지팡이를 짚고 있는 위장행위는 세계평화를 가로막고 파괴하는 장애물로 작용한다.[59] 국제사회에서 잦은 배신행위가 나타나는 것 역시 자기중심의 반사회적 행위로부터 발생한다고 볼 수 있다. 한 가지 예로써 운정은 국제사회에서 일어났던 '독일-소련 불가침조약'Deutsch-sowjetischer Nichtangriffspakt 당시 독일의 배신행위로 조약이 파기된 사례를 제시한다.[60]

셋째, 운정은 지나친 이기적 물질 추구의 욕망이 인간의 행복을 가로막는 풍조를 양산하고 있다고 보고 이에 대한 반성을 촉구한다. 그는 "행복을 추구하는 인간의 이성은 과학 기술 산업을 발전시켜 문명의 이기를 양산하고 이 물질적 풍요는 부의 축적, 무분별한 욕망의 충족이 고조되는 가운데 양심이란 찾을 길 없어 갈수록 인간성은 메말라 가고 윤리 관념은 쇠퇴하여 가고 인간 가치에 대한 긍지마저 마멸되어 가고 있다"[61]고 진단한다.

요컨대 운정은 수단과 방법을 가리지 않는 부의 축적과 무분별한 욕망을 충족시키고자 하는 극단적 이기주의가 행복을 가로막는 결정적인 문제라고 본 것이다. 그것은 운정이 양심과 연대하여 생각하고 있는 '윤리적 비리非理'라고 표현한 윤리적 부재 문제와 관련이 있다. '윤리적 비리'로서의 윤리적 부재는 인간적인 면까지 희생하면서 자기 이익만을 추구하게 하여 작게는 개인으로부터 크게는 국가, 국제사회에 이르기까지 곤경에 처하게 하는 심각한 한계를 드러낸다.[62]

이러한 이유 때문에 운정은 하루속히 양심사회를 건설하지 않으면 안 된다고 역설한다. "이와 같은 물질 추구의 유일 의식에 사로잡혀 도의를 외면하는 현실에서 인간성을 되찾아 가치 있는 '삶'을 추구하고 양심사회를 구축"[63]할 필요가 있다는 것이다. 그는 "모든 생물은 생존을 위한 욕망을 가지고 있다. 그러나 천지간 만물 중에 인간이 동물과 다르고 가장 존귀한 소이연은 양심과 윤리가 있음으로써이다. 물질적인 것 외에 지적인 면-예술, 종교, 학문, 사상 등 정신적인 요구를 가지는 것이다"[64] 라고 한다. 인간이 양심과 윤리를 가지고 있다는 점이야말로 "물질 만능의 비리를 극복하고 인간 본연의 양심사회"를 구축할 수 있는 가능 근거라고 본 것이다.[65]

운정은 양심사회 구축을 제안하면서 윤리를 강조한다. 그는 '윤리는 인륜'이라고 규정하면서, 윤리ethics에 관하여 이렇게 말한다.

> 윤리의 정의는 간단치 않지만, 우주의 삼라만상에 모두 윤리가 엄숙하게 지켜지고 있다. 일월성신이 자전 공전하면서도 작은 터럭[小毫]만큼의 차착差錯, mistake 없이 돌아가는 것이 천체의 윤리요, 5대주 6대양이 제자리를 지키고 일정한 간격으로 조석의 간만을 시현하는 것은 지구의 윤리이며 이들 생명 없는 자연의 윤리를 법칙이라고도 하지만, 이에 대하여 인간이 지켜야 할 윤리는 인륜이라고도 한다.[66]

『한국민족문화대백과사전』에 의하면, '윤倫'자에는 무리[類]·또래[輩]·질서 등의 뜻이 담겨 있고, '리理'자에는 이치·이법理法·도리道理의 뜻이 담겨 있어서, 윤리의 의미는 사람과 사람 사이의 관계, 즉 인간관계의 이법이라고 할 수 있다.[67] '윤리'라는 말의 기본적인 뜻은 '인간 사회의 결 또는 길'이라고 풀이할 수 있을 것이다.[68] 그런데 운정은 윤리의 범주를 인간을 넘어 천체에까지 확장하여 적용하고, 인간이 지켜야 할 윤리를 특별히 '인륜'이라고 규정하는 특징을 보인다.

이러한 운정의 관점은 순자가 예禮의 범주를 인간의 존재 범위를 넘어 우주론적인 영역에까지 확장하여 논의한[69] 것을 연상시킨다. 순자는 천지를 예의 근본 가운데 하나로 상정하는가 하면,[70] 또한 이렇게 말하기도 한다. "하늘과 땅은 예로써 합하고, 해와 달은 예로써 밝으며, 사철도 예로써 차례를 이루고, 별의 운행도 예로써 행해지며, 강물도 예로써 흐르고, 만물도 예로써 번창한다."[71]

유교에서는 부자 · 군신 · 부부 · 장유 · 붕우라고 표현되는 다섯 가지 인간관계의 윤리, 즉 오륜五倫을 기본으로 보고, 그것을 실천하여야 할 실천덕목으로서 이른바 오상五常을 강조한다. 이와 같은 유교 윤리는 인간관계의 이법으로서 윤리의 본질을 잘 나타내주고 있다.[72] 운정은 오륜 가운데 가장 중요한 현실적 문제가 부모와 자식 간의 윤리라고 본다. 부모는 자녀를 사랑하고 자녀는 부모에게 몸과 마음을 다하여 섬길 때 가정의 화합이 이루어진다고 한다. 특히 운정은 가정에서 효의 정신이 제대로 발휘될 때 사회의 질서가 정제되며, 국가발전이 이루어질 수 있다고 보아, 자신이 1973년 발표한 〈윤리선언〉의 핵심을 효에 둘 수밖에 없었던 까닭을 밝힌다.[73]

운정은 〈윤리선언〉에서 자기를 완성하는 윤리가 다름 아닌 경(敬)과 사랑愛이라고 한다. 그리고 그 경과 사랑의 근본은 충과 효에 있다고 하여 충효의 정신을 강조한다.[74] 운정은 "정성을 다하는 충의 윤리는 공경이 그 근본이" 된다고 본다. 이는 주자가 "자기 자신에게 최선을 다하는 것이 충이다"[75]라고 한 해석의 관점을 일정 부분 수용한 것으로 파악된다. 이러한 맥락의 연장선상에서 운정은 "친친의 본성에서 자기의 모든 것을 바칠 수 있는 효의 윤리는 사랑의 근본이 된다"고 하여, 백행의 근원으로서의 효를 강조하기도 한다.[76] 이러한 운정의 입장은 충효의 이념에서 봉건적인 이데올로기의 요소를 배제하고 그 철학적 근본정신으로 돌아가 보고자 한 의의가 있다고 평가된다.

성균관장의 직임을 수행하던 운정이 〈윤리선언〉을 발표하자 당시 〈성대신문〉은 이를 이렇게 평가한 바 있다. "이 선언문은 성 관장이 작성한 것으로 날로 발전해 가는 현대사회에 맞춰 나아갈 유교의 새로운 방향을 제시하고 특히 위기爲己와 극기克己로서 자기를 세워야만 민족과 인류공영에 이바지할 수 있음을 강조하고 있다."[77] 이와 같은 기사 내용의 평가는 운정이 〈윤리선언〉에서 윤리실천의 주체인 '진정한 나'의 존재를 주목하면서, '위기'와 '극기'의 정신을 강조한 것과 관련이 있다. 즉 "자기라는 주체를 확인하는 위기의 신념과 그 주체를 완성시킬 수 있는 '극기'의 수양을 쌓아야 하며, 이에 도달하는 윤리는 곧 경敬과 사랑愛이다"라고 한 것이 그것이다.[78]

운정은 1973년 성誠 · 경敬 · 애愛 정신에 뿌리를 둔 〈윤리선언〉을 발표하고, 이어서 〈국민상 정립의 시점에서 생활윤리를 선언한다〉는 글을 발표한 이후 1974년에는 〈윤리회복〉 및 '유가유신론儒家維新論 윤리선언의 정신혁명 운동'을 실천에 옮길 것을 강조하였다. 특히 운정은 1974년에 중화민국을 방문하여 중화학술원에서 한중윤리위원회를 구성할 것을 제안하고 당시 중국 공맹학회의 천리푸(陳立夫, 1899-2001)[79] 이사장과 합의하여 한중 양국의 윤리선양사업을 공동으로 추진하고 국제대회를 격년으로 교차하여 개최하기로 협의하여 〈윤리선언〉의 국제화를 추진한 성과를 얻어내기도 했다.[80] 이러한 〈윤리선언〉 운동은 1970년부터 전개해 온 '유가유신' 운동의 연장선상에서 이루어졌다는 점에서 그 근본정신이 유가사상에 있었음을 확인할 수 있다.

특히 운정은 〈윤리선언〉을 발표한 이후 성균관장으로서 유림뿐만 아니라 국민 대중에게 '효'를 기본으로 하는 윤리 관념을 회복함으로써 나를 찾고 우리를 세워 전통적인 도의정신을 앙양케 하고자 노력하였다. 또한 그는 그 정신을 〈유림월보〉의 사시로 삼아 유림사회의 현대화를 도모하고자 하였고, 그 결과 유교가 현실사회에 부응할 수 있는 방편을 마련하는 데 크게 이바지하였다.[81]

4. <유가유신론>의 제창과 변혁의 리더십 정신

운정은 유가사상에 기반을 두고 자신의 이념과 삶의 방향성을 실천해 나아간 지식인이다. 그럼에도 그는 유가사상 또는 유림의 특정 한계에 대해서는 비판적 입장을 견지한 비판유학자이기도 하다. 운정은 유가사상이 현실을 개혁할 수 있는 실천 도덕성을 가지고 있어서 현대에 와서도 그 명맥을 유지할 수 있었다고 본다.

그럼에도 새로운 시대를 맞이하여 구태를 벗지 못하고 있는 몇 가지 요소들로 인해 유가사상, 또는 유교[82]는 위기에 처하게 되었다는 것이다. 운정은 다음과 같은 세 가지 측면에서 유가사상과 유림의 한계를 비판적으로 지적한다.

첫째, 운정은 조선조 3백 년 당쟁의 역사를 이끌어온 교조주의적 주자주의에 대해 비판한다. 조선에 전래된 주자학이 후기로 오면서 철학적 담론의 승화나 현실 생활의 발전을 위한 실천적 이념으로 역할을 담당하지 못하고, 형식적인 명분론이나 예론으로 흘러 당쟁을 위한 이론적 근거로 활용된 한계가 있다는 것이다. "주자학이 한국에 전해 와서는 그 명분론이나 예론 등의 표상적인 논리가 3백 년 당쟁의 근거를 제공하는 조건이 되었"[83]다고 한 운정의 지적은 이러한 점을 잘 말해준다.

운정이 비판한 명분론이 공자의 정명론이나 『춘추』의 대의명분론 자체를 부정한 것이라고 볼 수는 없다. 인간관계의 형성 및 공동체의 질서 유지와 깊은 관련이 있는 예론의 경우도 마찬가지다. 운정은 명분론과 예론이 그 본래의 정신을 잃고 당쟁의 근거나 타자에 대한 억압의 기제로 전락할 수 있음과 그 역사적 사례에 대한 기억을 소환하여 비판한 것이라고 보아야 한다. 요컨대 교조주의적 주자주의가 자칫 개인의 자아를 위축시키고 사회의 분위기를 경색되게 하는 이념적 갈등의 요소로 작용할 수 있음을 경고한 것이라 할 수 있다.

둘째, 운정은 "우리나라 역사가 사대주의 사상으로 점철되어 왔다"고 보면서, 유학을 공부한 과거의 선비들이 중국을 높이고 스스로를 낮춘 자기 비하의 정신적 한계가 큰 병폐였음을 비판한다. 운정은 중국을 지나치게 존숭한 나머지 모화관慕華館을 세우고 중국인을 대인大人이라 부른 사례,[84] 우리 고래의 풍물보다 중국의 것을 더 좋아하였을 뿐만 아니라 우리의 국토보다도 중국 땅을 우러러보고, 그렇게 하는 것이 지성인의 자세인 양 처신해온 사례, 그리고 심하게는 유명조선국有明朝鮮國이니 숭정崇禎 기원후 몇 년이니 만력萬曆 몇 년이니 하여 국위를 손상하고 자기 나라의 국호나 연호보다도 중국의 것을 사용한 사례 등을 제시한다. 그리고 이들은 모두 사대주의 사상에서 발로한 것으로서 유도를 지나치게 숭상한 결과 초래된 것들이라고 본다.[85]

셋째, 운정은 한국유학이 잘못된 수구적인 칩거주의의 길을 걸어왔다고 하여 그 한계를 지적한다. 운정은 이렇게 말한다.

> 조선조[86] 5백 년은 유도儒道로 시작하여 유도로 끝마쳤다. 유교정치, 유도교육은 경술년을 분수령으로 완전히 종말을 고하고 유림사회의 지도계급이 일제히 지하로 도피하게 되니 국정 변모와 더불어 국민윤리를 이루고 있던 유도의 풍도가 일변하게 되고 이러기 근 반세기를 경과하는 동안에 불복종 무저항의 심정으로 세상을 외면하는 몰간섭주의가 결과적으로 고식적이고 편견적이고 진부한 사고방식을 파생하게

> 되어 해방이 되어도 뛰쳐나올 줄 모르고 크고 작은 공장이 숲처럼 세워져도 남의 일같이 보고 산간벽지에 수구 칩거하는 것이 자기들의 일인 양 생각하여 왔다.[87]

이와 같은 지적은 유도의 수구적인 칩거주의가 본래적인 것이 아니라 일제의 강압으로 야기된 것이며, 또한 그에 적절하게 맞서지 못한 유림의 책임방기 때문임을 적시한 것이다. 유림의 책임방기란 운정의 지적처럼 온갖 정의롭지 못한 상황이 눈앞에서 전개되더라도 불복종 무저항으로 일관한 행위를 가리킨다.

그런데 해방이 되고 시대가 변했음에도 몰간섭주의가 고식화된 지 오래되어 수구 칩거하는 것만이 능사인 양 인식되던 당시 유림의 분위기는 더 큰 문제였다. 유림이 시대의 도도한 물결 속에 직접 참여하지 않을 뿐 아니라 자기 발전까지 체념하면서 희망을 저버린 상태가 지속적으로 이어지고 있었기 때문이다.[88] 이른바 맹자가 걱정한 '자포자기'[89]의 상태가 당시 유림을 지배하고 있었던 것이다.

운정은 이상과 같은 교조주의적 주자주의, 사대주의, 수구적인 칩거주의 등의 퇴영적인 습성이 오늘날까지 이어지고 있어서, '실천궁행'을 강조하는 유교인의 입장에서 볼 때 마땅히 이를 극복 지양하지 않을 수 없다고 보았다. 이와 관련하여 운정은 이렇게 말한다.

> 현 단계에 있어서의 유림은 삼강오륜을 구송하고 있는데 그치고 있을 것이 아니라 근대화한 유도정신과 새로운 이론을 몸소 체득함으로써 보다 적극적이며 더욱 전진적인 자세와 헌신적이며 진취적인 기상을 지니고 국가와 민족의 발전을 위해 언제나 스스로 선도적인 역할을 스스로 담당[自擔]하고, 나아가서 민족 주체의식으로서의 정신문화를

고취, 함양하는데 주도적으로 솔선하여 참여하는 것을 긍지스러운 사명으로 자부하자는 것이 나의 소신이며 주장이다.[90]

이러한 소신에서 나온 것이 바로 〈유가유신론〉의 제창이다. 〈유가유신론〉은 유가의 자체 변혁을 요구하는 주장으로서, 운정의 변혁사상과 리더십 정신의 특징을 잘 반영하고 있다.

요컨대 유림의 적극적인 주인의식과 참여의식을 고양하고자 하는 취지에서 제창된 것이 〈유가유신론〉이다. 운정은 나를 찾고 우리를 찾는 것이 〈유가유신론〉의 핵심이라고 보고,[91] "개인주의는 가족제도나 사회풍조에까지 전래의 미풍양속에 변혁을 가져왔고 자기비하, 숭외관념 내지 외래 사조에 휘말려 자조, 자학의 사례가 허다하여 통탄하던 나머지 1970년부터 〈유가유신론〉을 제창하여 유림 개개인의 경각과 사회참여로써 사회 기풍 쇄신에 선도 역할을 할 것을 강조하였"다고 명시한다.[92]

운정은 유림의 참여의식을 독려하여 그들이 사회의 '목탁'이 되어줄 것으로 요청하였다.[93] '목탁'이란 개념은 『논어』「팔일」에 등장하는 말로서, 성인聖人 존재로서의 공자를 비유한 표현이다.[94] 운정은 목탁이란 개념을 빌어 자기 비하와 자학으로 수구적인 칩거주의에 빠져있는 유림들이 결연히 일어나 새로운 모습으로 변화하지 않으면 안 된다고 본 것이다.

만일 유학, 또는 유교가 현실을 외면한다면, 그것은 더 이상 학문이나 종교로서의 가치를 지닐 수 없다. 유학은 다른 학문과 다르고, 유교는 다른 종교와 달라서 타계를 상정하지 않을 뿐만 아니라[95] '수신-제가-치국-평천하'[96]의 도를 일상생활에서 실천궁행하는 현실주의적 성격을 지니고 있다. 이러한 점에서 유학과 유교의 가치는 유림의 적극적인 현실참여로부터 확인된다는 것이 운정의 입장이었다.[97]

운정은 〈유가유신론〉을 통해 고루한 누습을 타파하고 현실에 부합하면서도 미래에 비전을 제시해줄 수 있는 현대적 유형의 유가에 대한 변혁을 도모한다. 그 변혁의 핵심 개념이 바로 '유신維新'이다. 이는 유가 경전 가운데 『대학』의 "날마다 새롭고 또 날마다 새롭게 하라"[98]고 하는 변화의 사상과 연관성을 가지고 있고, 『맹자』「등문공 상」과 『대학』이 함께 인용하고 있는 『시경』의 "그 명命이 오직 새롭다"[99]고 한 정신과 밀접하게 맞닿아 있다. 또한 '유신'사상은 『주역』에서 제시한 변화의 역리와도 깊은 관련성을 가지고 있다. 특히 『주역』이 제시한 '혁(革, ䷰)'괘의 역리[100]는 운정이 보여준 변혁에의 의지와 무관하지 않은 이념을 제시한다.

운정은 새로운 시대에 맞는 새로운 유학을 건설해야 함을 주장하면서 이를 실생활에 몸소 실천하고자 한 변혁의 리더였다. 그는 〈유가유신론〉을 제창함과 동시에 이와 관련된 학술 세미나를 주최하여 유가에 대한 현재적 반성과 미래적 대응 방안을 마련하기 위해 끊임없이 노력하였다. 그 일환으로 1971년에 거행된 〈유가유신론〉 학술세미나의 대전제는 「현실사회와 실천도덕」이었고, 세부 주제발표주제는 「실학파의 정신과 현대사회」, 「현대사회와 실천윤리」, 「유도의 발전과제」였다. 이들 주제가 한결같이 현대사회와 실천윤리에 초점이 맞추어져 있고, 그 발전과제를 염두에 두고 논의되었음이 확인된다.[101]

또한 운정은 〈유가유신론〉의 연장선상에서 1975년 '여성 유림회'를 창립하여 유림의 문호를 개방한 변혁의 리더십을 보여준다. 운정은 여성 유림들에게 "효를 중심으로 가정윤리를 바로 잡자", "자아 재발견으로 근대화에 기여하고 가족 중심으로 가치관을 정립하자"는 취지에서 '여성 유림회'를 창립하였음을 밝힌다.[102] 물론 이러한 운정의 가족중심주의는 21세기에 들어오면서 심각한 핵가족화와 비혼주의로 말미암은

1인 가구 증가로 인해 나타난 새로운 형태의 도전들을 피할 수 없을 것이라 예상케 한다. 그럼에도 1970년대 한국의 상황을 감안한다면, 당시 운정의 '여성 유림회' 창립은 여성의 신분적 지위에 대한 보장과 위계적 차별에 대한 복권을 시도한 의의가 있다. '여성 유림회' 창립이 운정이 보여준 변혁의 리더십의 한 사례였다고 평가할 수 있는 이유가 있는 것이다.

이 밖에도 운정은 유가의 근본정신을 통해 퇴폐한 사회 분위기를 일소하고 건전한 사회 분위기를 조성하고자 하는 노력을 쉬지 않았다. 그는 성균관장으로서 "일체의 부정부패와 국론을 분열시키는 일체의 언동을 극력 배격하자", "건전한 사회 기풍 조성에 앞장서자"는 격문을 전국 유림에게 보내 유림이 앞장서서 사회 변혁을 위해 노력하여야 함을 역설하였다.[103] 뿐만 아니라 운정은 시의성에 맞게 가정의례가 변모되어야 한다고 보고, 시대의 흐름과 보편타당한 측면에서 그것이 시행될 필요성이 있음을 강조하였다. 고전 의례가 불변의 원칙이 아니라고 본[104] 운정의 유가적 변혁의 리더십이 돋보이는 사례가 아닐 수 없다.

5. 나오는 말

운정 성락서는 국운이 다한 조선조 말에 태어나 일제 강점기를 거쳐 격동의 20세기를 살다 간 인물로서, 탁월한 행정가이며 교육자였다. 그가 충청남도지사와 충남대학교 총장서리 및 국내 여러 대학의 교수로 근무한 이력이 이를 말해준다.

그런데 그는 평생 유학적 사유의 반경 속에서 자신의 사상을 삶에 체화시켜 사회적으로 실천해 나아간 유교적 지식인이기도 했다. 그는 특히 6년 여의 시간 동안 성균관장의 직무를 수행하면서 유가의 역할에 대한 반성과 개혁에 앞장섰던 인물이다. 만년의 그의 삶은 철저한 유학자의 삶이었다고 하더라도 과언이 아닐 정도이다.

이 글은 운정 성락서의 유가사상에 반영된 리더십의 정신을 세 가지 측면에서 살펴본 것이다. 본문에서 살펴본 내용은 대체로 다음과 같다.

첫째, 운정의 리더십 정신에는 인간의 주체성 강조와 인본주의적 특성이 두드러지게 나타난다. 유가는 다른 어느 학파보다도 인간을 중시하고 그 존엄성을 강조하는데, 운정은 이러한 유가의 맥락에 누구보다 충실하다. 유가의 입장에서 그는 인간다움의 확장에 관심을 가지고 이를 일상생활에서 실천하고자 노력하였다. 그는 인본주의적 특성을 홍익인간의 정신에서 찾고, 특히 인권을 강조하는 리더십을 발휘한다. 인권 문제를 주변화하면서 그것을 정당한 것으로 여기는 일체의 행위, 예컨대 인명 살상과 각종 테러 등에 대해 부정한 것은 이와 같은 맥락에서 이루어진 것이다. 운정은 인권이 완전한 형태로 보장되기 위해서는 선차적으로 법률을 철저히 준수하고, 경제적 불공정을 없애고, 정치적 폭력과 권력남용을 제거해야만 한다고 역설하였다.

둘째, 운정의 리더십 정신에는 양심사회 건설을 위한 노력과 이를 통해 확인되는 윤리적 특성이 강하게 나타난다. 운정은 자신의 시대에 양심과 윤리에 배치되는 여러 가지 사회적 병폐가 있다고 지적한다. 외래문화의 무분별한 유입과 퇴폐풍조의 만연, 반사회적인 행위의 만연, 욕망 과잉과 이기적 물질 추구의 만연 등이 그것이다. 이러한 상황 때문에 운정은 하루속히 양심사회를 건설해야만 한다고 제창한다. 그리고 그는 그 양심사회의 핵심이 윤리라고 강조한다. 운정의 〈윤리선언〉은 이러한 배경 아래에서 제창된 것이다.

셋째, 운정의 리더십 정신에는 〈유가유신론〉의 제창을 통한 유가적 변혁사상이 발견된다. 운정은 여전히 구태를 벗지 못하고 있는 유가의 한계로써 교조주의적 주자주의, 사대주의, 수구적인 칩거주의가 있다고 하여 이를 비판한다. 〈유가유신론〉은 저와 같은 유가의 한계를 극복하기 위한 방안으로 제창된 것이다. 〈유가유신론〉은 유림의 적극적인 주인의식과 참여의식을 고양시키고자 하는 취지에서 제창된 것으로서, 고루한 누습을 타파하고 현실에 부합하면서도 미래에 비전을 제시해줄 수 있는 현대적 유형의 유가 내부에 대한 자체 변혁의 시도였다.

운정은 유가의 변혁과 사회, 국가의 변혁이 동시에 가능하다고 본 유학자였다. 그는 변혁에 대한 의지가 중요하다고 보고, 일관되게 '아크라시아'akrasia를 극복할 필요성이 있음을 강조한 실천적 지도자였다. 뚜 웨이밍杜維明에 의하면 '아크라시아'는 '의지의 빈약'을 말하는데, "아크라시아 개념의 주요 관심은 자신의 도덕적 수양이 순간적 기쁨에 대한 욕구, 잘못된 생각, 바람직하지 못한 습관적 행위 등에 의하여 구속되지 않도록 주어진 한계와 관성을 극복하는 데 있다."[105]

운정은 아크라시아를 지양함과 동시에 이를 극복하고 사회적 실천을 이끌어내기 위해 수많은 노력을 시도한 리더였다. 그는 국제인권옹호 한국연맹 충청남도본부 위원장을 맡아 인권 문제 해결을 위해 이바지하였을 뿐만 아니라 생활윤리 실천을 위한 각종 운동에 앞장섰으며, 그 실천을 위해 관련 주제의 학술 세미나를 주최하는가 하면, 여성 유림회를 창립하여 여성의 사회참여를 적극적으로 유도하였고, 전국 유림이 앞장서서 사회 변혁을 위해 힘써줄 것을 역설하는 격문을 돌리는가 하면, 시의에 맞는 가정의례의 필요성을 역설하는 등 다양한 노력을 끊임없이 경주하였다. 그야말로 운정은 유가적 리더십 정신을 소유함과 동시에 이를 구체적인 일실생활에 구현해내고자 한 지행합일의 실천적 지식인이었던 것이다.

운정 선생의 성균관장 취임식 장면 (1970년 6월 22일)

운정 성락서의 성균관장으로서의 리더십 -『유림월보』를 중심으로-

최영갑

1. 들어가는 말

유교는 변혁과 변화의 역사라고 할 수 있다. 요순堯舜 시대부터 현대에 이르기까지 수많은 시간동안 부침浮沈을 반복하며 면면히 계승되어온 이념이다. 특히 우리나라에 유입된 이후에는 더욱 찬란한 문화를 이루었고, 그 꽃은 조선시대에 이르러 활짝 피었으며, 일제 강점기에를 거치면서 퇴락했으나 현재까지 남아서 활동하는 곳은 유일하게 대한민국뿐이다.

일제 강점기 이후 유림계는 분열과 소송의 연속으로 점철된 역사를 지니고 있으며, 심산 선생의 개혁적 의지로 새로운 시도가 이루어지며 유림계를 재건하고자 했다. 하지만 이 역시 평탄하지만은 않았다. 이후 역대 성균관장들도 뚜렷한 업적을 남기지 못하고 표류하던 시절이 지나고 운정 성락서 관장이 1970년 6월 21일 전국유림대표자대회를 통해 당선되었다.

이 글은 운정芸庭 성락서成樂緖가 성균관장으로서 재임하는 동안 『유림월보儒林月報』에 발표한 내용[1]을 중심으로 그의 리더십을 살펴보고자 한다. 운정은 조선의 국운이 다해가던 고종황제 광무 9년(1905)에 태어나 일제 강점기와 6.25 전란 등을 두루 겪으며 격동의 한 세기를 살았던 20세기를 대표하는 지성인의 한 명이다.[2] 그러나 그동안 운정 뿐만 아니라 역대 성균관장을 지낸 인물들에 대한 연구가 거의 이루어지지 않았고, 학계에서 논의된 적도 매우 드물다. 따라서 이 글은 운정이 성균관장의 직책을 수행하면서 나타냈던 탁월한 업적과 지도력을 『유림월보』의 기록을 통해서 살펴보고자 한다.

성균관장이라는 직책은 유림의 수장으로서 그 영향력은 상당히 크다고 할 것인데 자료 정리와 언행에 대한 자료조차 거의 존재하지 않는 것이 사실이다. 현재도 마찬가지다. 기록을 중시했던 우리 고유의 문화가 성균관에는 존재하지 않고 있어 안타까움을 금할 수 없다. 오늘날에도 유일한 기록은 오직 『유교신문儒敎新聞』 뿐이다. 『유교신문』의 전신인 『유림월보儒林月報』의 기록을 통해서만 성균관의 활동과 유림의 상황을 알 수 있을 뿐이다.

성균관장으로서 운정의 기록을 찾기는 매우 어렵다. 성균관의 기록이 거의 사라지고 『유림월보』에만 남아 있기 때문에 자료의 한계를 느낀다. 그리고 『유림월보』의 기록은 당시의 한글 맞춤법에 의해 기록되어 있으므로 여기에서 인용하는 부분들은 원문에 충실하되 현대적 맞춤법에 맞도록 약간 수정하였음을 밝힌다.

2. 세 번의 성균관장 역임

운정은 유교지도자 가운데 가장 열정적이고 유교를 사랑했던 것으로 생각된다. 필자가 1990년대 중엽부터 성균관에서 근무하면서 여러 명의 관장을 모셨지만 이렇게 『유림월보』라는 유교 정론지를 통해 유림이 가야 할 목표와 방향을 제시하고 기고한 인물은 매우 적다. 그리고 운정이 신문에 기고했던 글들은 50년이 지난 오늘날에도 여전히 유효하며, 유림이 변화하고 발전하는데 많은 선견지명을 가지고 있었다고 말할 수 있다.

1970년 6월 21일 개최한 성균관총회에서 성균관장에 당선되었다는 보도가 6월 25일자 『유림월보』에 발표되었다. 이 당시 사진 옆에 실린 이력을 보면 경성제대 졸업, 제헌국회의원, 충남도지사, 충남대학교총장이라고 되어 있다. 지금까지 필자가 봤던 성균관장 중 가장 화려한 이력을 가진 인물로 보인다. 그리고 성균관장에 당선되기 전에는 이미 (재)성균관 이사장과 충남향교재단 이사장을 겸임하고 있었다. 운정은 취임사에서 다음과 같이 말하였다.

> 세상은 변천하고 있습니다. 하루하루 발전의 속도를 더하고 있습니다. 〈중략〉 유림이라고 하면 많은 사람들이 늙고 병들고 고질적인 완고한 누습에 젖어 있는 것으로 억측하고 있습니다. 이 그릇된 인식을 씻기 위하여 우리는 자가반성自家反省을 하고 구각을 탈피하여야 하겠습니다. 인의예지나 삼강오륜을 입으로 외우기 이전에 항상 진취의 기

상에서 항상 남의 앞장에 서서 솔선수범으로 전진하여 자아완성을 길로 모색하고 나아가서는 철환천하轍環天下의 기백을 길러야 할 것입니다.[3]

취임 일성에서 운정은 시대의 변화를 인식하고 구습을 탈피하여 솔선수범할 것을 당부했다. 아마 지금의 시대에도 어울릴 만큼 시의적절한 그의 혜안이 명확하게 드러나는 대목이라고 생각한다. 그와 동시에 게재된 기사에 『유가유신론儒家維新論』이라는 글이 8월, 9월까지 연속해서 발표되었다.

1972년 7월 9일 운정은 성균관장에 재선되었다. 그해 7월 25일 월보에 "재 취임 하면서"라는 제하題下의 글이 올라왔는데, 그 기사에서 운정의 주체적인 유교에 대한 생각을 알 수 있다. 운정은 다음과 같이 말하고 있다.

> 유교는 한국의 교敎, 유도는 한국의 도道가 되어 있어서 공부자孔夫子는 중국 태생이지만 그의 교敎와 도道는 한국이 종주宗主가 되어 있는 것이 세기적인 실정이다.[4]

운정은 우리나라가 '유교의 종주국'임을 선포한 것이다. 이 말은 필자도 이미 천명한 바 있다. 중국이 근자에 이르러 공부자 동상을 천안문 앞에 세우고[5], 다양한 정책을 도입하고 있지만 실제 생활 속에서 실천하고 있는 나라는 오직 대한민국뿐이다. 이미 50년 전부터 운정은 유교의 종주국을 발표했다니 실로 놀라운 일이 아닐 수 없다.

일본과 대만 그리고 베트남에도 문묘가 존재하고 있지만 우리처럼 실제 제향을 지내고 활용하는 곳은 없는 것으로 안다. 이들 나라에는 과거의 형태는 남아 있지만 우리처럼 전국에 향교와 서원을 그대로 활용하거나 다양한 교육을 하고 있는 곳은 없다. 그렇기 때문에 21세기 유교의 종주국은 바로 대한민국이라고 말 할 수 있다. 운정은 처음 성균관장이 되면서 외쳤던 '유가유신론'을 동시에 재추진하며 재선이 된 이후에는 '윤리선언'을 발표하는 등 윤리실천 문제를 강조하였다.

운정은 1974년 8월 25일 총회에서 3번째 성균관장에 무투표 당선되었다. 처음 당선되었을 때는 '유가유신론'을 제창하였으며, 재선되었을 때는 '윤리선언'을 발표하였고, 3선이 되면서는 '한중윤리위원회' 구성과 아울러 '윤리 선양 운동'을 전개하였다.

3선을 역임한 운정은 1976년 7월 25일 마침내 성균관장직에서 퇴임하였다. 매 임기가 2년씩이니 6년이라는 시간 동안 운정이 『유림월보』에 발표한 글은 한 회도 쉬지 않았다. 운정이 변혁적 리더로서 유학 활동을 전개한 직접적인 계기는 기존의 유학단체와 유학자들의 활동에 문제가 있었기 때문이다. 기존의 유학에 있었던 문제점은 크게 두 가지로 요약될 수 있다. 하나는 유학 기관의 구조적인 문제로서 유학단체인 성균관의 활동에 문제가 있었고, 다른 하나는 한국 유학계의 전반적인 문제로서 유학자의 소극적이고 관망적인 태도와 함께 외래의 것에 대한 사대주의적인 의식구조에 문제가 있었다.[6]

운정은 성균관장 즉위 이전의 성균관 운영에 대해 다음과 같은 평가를 했다.

> 성균관은 교육 교화의 최고기관이었지만 국치와 광복을 경과하는 동안에 우여곡절을 거쳤다. 지금은 성균관대학을 설치하여 교육 사업은 대학에 이관하고 성균관은 교화 사업 추진을 목표로 하고 있다. 광복이후 20여 년간 성균관은 그칠 줄 모르는 분쟁을 수습하고 각종 제

> 도 정비 작업에 여념이 없었지만 단결을 이루지 못하고, 철저히 흩어져 있는 오백만 유림에 대한 지도이념조차 세우지 못한 채 과거를 지내왔다.

라고 하여 성균관이 안정되지 못한 상태에서 내홍과 분규를 겪고 있었던 것을 알 수 있다.[7] 이러한 평가가 결국 운정이 글을 쓰고 유림을 계몽해야 한다는 생각을 갖게 했고, 끊임 없이 활동을 하게 된 원동력이었을 것이다.

3. 변혁의 지도자 : 유가유신론

지도자가 갖추어야 할 덕목 가운데 가장 중요한 것은 무엇일까? 필자가 생각하기에 그것은 바로 '덕망의 리더'가 되는 것이라 생각한다. 그렇게 되기 위해서는 '일일신日日新 우일신又日新'하는 자세와 온고지신溫故知新하는 태도가 아닐까? 유가 경전을 읽고 아무런 변화 없이 그 상태로 머무른다면 그런 사람은 지도자라고 하기보다 독서인에 지나지 않기 때문이다. 그런 측면에서 운정이 제시한 〈유가유신론〉은 새로운 것을 추구하며, 그 자리에 머물지 않는다는 전제가 포함되어 있다.

운정은 〈유가유신론〉을 통해 고루한 누습을 타파하고 현실에 부합하면서도 미래에 비전을 제시해줄 수 있는 현대적 유형의 유가에 대한 변혁을 도모한다. 그 변혁의 핵심 개념이 바로 '유신維新'이다.[8] 운정은 다음과 같은 말을 한다.

> 사림들이 사서삼경을 연수하되 한갓 읽는데 그치지 않고 그 근본 목표는 경서를 읽음으로써 경서 속에 흐르고 있는 학문과 충절을 배우고 도야陶冶하는 데 있다. 삭망에 분향하고 사시四時 또 춘추에 봉사奉祀할 때에도 많은 유생들이 참집參集하여 선현선열의 정신을 이어받고 또 그것을 널리 선양하여 사회교화에 크게 이바지한 학문의 전당이요 사회 교화의 근거였던 것이다. 그러나 시이사왕時移事往하고 제도와 풍물이 다기다양多岐多樣하게 됨에 따라 본래의 정신은 망각되고 춘추의 봉사만을 거행하는 단순한 묘사廟祠로 변하고 말았다. 여기서 필자는 봉

> 사하는 형식만을 고집할 것이 아니라 그 근본정신을 되찾자는 것이다. 동양 사상의 원리를 여기서 찾아내고 인격도야의 방도를 여기서 천명할 것이며 사회교화의 풍도風度를 여기서 안출案出하자는 것이다. 〈중략〉 제도와 문물은 쉬지 않고 변해가고 있다. 우리는 현실을 직시하여야 한다. 제사를 지내는데 정신상태가 결여되어 있지 않은가. 〈중략〉 여기서 다시 강조하는 것은 근본정신을 십이분十二分 살려서 우리 심경에 거울을 삼되 그 습관과 제도는 새로운 세대에 맞도록 용감하게 개혁하여야 한다. 〈중략〉 제사를 지내는 것만이 능사가 아닐진대 제사를 지내는 심전心田을 개발하여야 한다. 올바른 정신을 되찾고 새로운 제도와 대중에 영합될 수 있는 기풍을 진작하자.[9]

운정은 유학을 유신하는 것은, 삼서삼경의 유학 경전은 뜻을 알지도 못하면서 암송하는 데만 있는 것이 아니라 그 근본 뜻을 아는 데 있고, 성균관이나 향교, 서원 등의 유학 기관에서 성현의 위패를 모시고 형식적으로 제사만 지낼 것이 아니라 성현의 근본 사상을 이어받고 선양하는 것이라고 했다.[10]

요즘 대한민국은 어느 나라보다 첨단 산업 분야에서 두각을 나타내고 있다. 하지만 운정이 50년 전에 언급한 바와 같이 유림은 여전히 변화하지 않고 있다. 따라서 운정의 탁월한 지적은 지도자로서의 역량을 알 수 있게 한다.

1972년년 1월 25일 연두사年頭辭에서는 세계정세의 변화를 언급한 뒤에 다음과 같이 말한다.

> 5백만 유림의 담당하여야 할 영역은 실로 크다. 〈중략〉 의병을 일으키던 칼날 같은 기백을 되살려서 유가유신론의 기치를 높이 들고 국민

의 선두에 서서 총집결 총체제의 군은 결의로써 국가 민족에 크게 공헌할 때가 왔다.[11]

여기서 운정은 유림의 숫자를 '5백만'으로 표현하고 있다. 당시 전체 인구가 3천 3백만 명이라는 점을 고려한다면 매우 많은 숫자임에 틀림없다. 오늘날 유림의 숫자는 정확하게 통계가 나온 것은 없지만 100만 명도 장담하기 힘들다. 이렇게 많은 유림인구를 가지고 있던 시절에 유림의 움직임은 지금과 크게 다르지 않았던 것 같다.

『논어』에는 "군자의 덕은 바람이요, 소인의 덕은 풀이다. 풀 위로 바람이 불면 풀은 반드시 눕게 마련이다."[12]라는 문장이 나온다. 운정은 군자로서 자신의 소임을 다하기 위해 끊임없이 노력했다. 유림이 변하지 않으면 국민과 나라도 변하지 않는다는 생각이다. 그렇기 때문에 운정은 '바람'의 역할을 자임했던 것이다.

임기 6년을 마치는 동안 계속해서 〈유가유신론〉을 제창했지만 임기가 끝나는 날 인사말에서 다음과 같이 말했다.

> 재임기간 유가유신론을 위해 노력努力을 하였으나 별로 성과를 거두지 못해 송구스럽고 앞으로는 유능한 인사人士를 모셔 사도발전斯道發展에 좋은 결실이 있기를 바란다.[13]

이것이 겸사謙辭인지 실제 성과가 없었는지 기록이 남아 있지 않아 후학들은 알 수 없지만 운정의 술회述懷애는 자신이 이루고자 했던 것을 성취하지 못한 아쉬움이 담겨 있다.

이러한 '유가유신론'을 시발점으로 해서 운정은 세계사의 흐름과 유림의 각오에 대해서도 신문 지상에 발표한다.[14] 이러한 관점은 오늘날 유림의 모습과는 사뭇 다른 것을 알 수 있다. 유림들은 사회문제나 세계의 전쟁 문제에 대한 자신의 생각 또는 유림 조직의 입장을 표현하는 경우가 매우 드물다. 그런데 운정의 삶 속에는 세계적인 사건이나 전쟁도 매우 중요한 일이며, 이에 따라 민심을 계도해야 참다운 유림이 될 수 있다고 한다.

유교는 우리 민족의 삶에서 중요한 생활규범을 제시했고 그것을 실천하면서 수제치평修齊治平의 대도를 실현하는 이념이었다. 이를 위해서 세계사의 흐름과 이에 대한 관심 표명은 지당한 일이라고 생각한다. 그러나 일제로부터 독립한 이후 유림의 활동은 뚜렷하게 보이지 않는다. 이러한 관점에서 본다면 운정의 유림에 대한 질책과 각오를 천명한 것은 의미 있는 일이다.

운정은 1971년 7월 25일자 신문에서 "격동하는 국제정세와 한국의 질서"라는 글을 발표하며 미국과 소련 양대국 사이에서 중공中共이 핵을 개발하고 그 속에서 경제중심으로 변화해가는 국제 정세를 논하고 있다.

> 온 세계는 냉전에서 회담으로 열전熱戰에서 화해로 무력에서 경제로 탈바꿈 할 것이며 그 근원은 항상 거대한 힘을 배경으로 하는 것이다.[15]

그리고 새로 부각되는 중공, 일본을 합해서 미, 소의 사대국四大國의 틈바구니 속에서 냉철하게 판단하여 능동적이고 능률적인 만반의 태세를 갖출 것을 요구하고 있다. 당시 세계는 2차 세계대전이 끝나고 강국들이 서로를 엿보며 핵무기를 개발하고 힘을 과시하면서도 전쟁을 피할 방도를 구하고 있었으며, 그 속에서 닉슨 대통령이 북경을 방문하는 일이 발생하고 이에 따라 태평양 연안에 있는 제국諸國들은 이 회담의 결과에 주목하고 있었다.

우리나라뿐 아니라 월남전쟁, 대만문제, 파키스탄과 방글라데시와 인도의 문제 등 실로 아시아 국가들의 운명은 어떻게 될 것인지 초미의 관심사가 아닐 수 없었다. 운정은 이러한 세계의 흐름을 보고 우리나라의 입장을 정리하면서 "자주自主, 자립自立, 자구自救"[16]의 주체정신을 통해 새로운 각오를 확립해야 된다고 하였다. 그리고 유림에게는 낡은 사고 방식을 버리고 새로운 기풍氣風 새로운 의지로써 내 나라 내 민족의 주체성을 확립하고 전통적인 정신문화 창달에 매진할 것을 강조하였다.[17]

또한 운정은 국제정세와 '유가유신론'을 상호 연결하면서 "다른 종교는 신앙이지만 유교는 신념"[18]이라고 하며, 유가유신론의 당면과제를 당시 강대국들의 위협으로부터 위기를 돌파하고 국가사회에 이바지하는 것이라고 하였다. 여기서 운정은 '유교는 신념'이라고 하면서 종교성 논란을 일축하고 있다. 오늘날 유교의 종교성 여부 논란은 많은 사람들에 의해 일어나고 있지만 당시 성균관장이었던 운정은 유림을 향해 '유교는 신념'이라는 확고한 생각을 밝힌 바 있다. 필자는 '신앙'이라는 말은 절대자에 대한 믿음을 전제로 하지만 '신념'은 인간의 의지 문제로 전략과 전술이 요구된다고 생각된다.

이후에도 운정은 계속해서 세계 정세를 분석하고 그 속에서 우리나라가 어떻게 생존하고 나아갈지 방향을 고민하고 있었다.[19] 21세기는 운정이 활동했던 시기와 비교한다면 더욱 경제적 문제가 중요한 문제로 대두되고 있으며, 각종 신기술로 이합집산하는 현상이 갈수록 심화되고 있다. 그 속에서 우리가 어떻게 정책을 수립하고 방향을 설정할지는 매우 중요한 문제이다. 특히 미국과 중국이라는 강대국 사이에서 생존해야 할 운명에 놓인 대한민국의 입장은 지도자의 리더십에 의존할 수 밖에 없는 실상이다.

운정은 대한민국이라는 나라만이 아니라 세계 정세를 파악하고 그 속에서 우리가 갈 방향을 설정하고자 했다. 그렇게 하기 위해서는 우리의 주체성을 먼저 확립해야 함을 강조하였고, 주체성이 확보되지 않으면 서구 문물에 의해 우리의 정신까지 잠식될 것을 우려하였다.

운정은 1971년 3월 25일자 『유림월보』에는 "유도儒道 곧 사회정치의 길"이라는 제하의 글이 발표하였는데 이 글에서 "유림의 주체성을 회복하고 우리들의 자주성을 재건하여 용기와 양식良識을 갈고 정치에의 소외감을 극복하자"고 하였다. 이러한 주장을 펼친 것은 "유림이 일제의 국치를 당하고 일부만 순절하고 망명했고 대부분은 지하에 칩복蟄伏하여 일제에 저항하지 못했다"는 인식에서 출발한다. 그렇기 때문에 소극적인 태도를 버리고 적극 사회정치에 참여해야 한다는 주장을 펼치고, 이 길이 곧 나라를 위한 길이고 유도부흥의 길이라고 했던 것이다.

현대사회에서는 다양한 문제가 존재한다. 전쟁의 문제만이 아니라 환경 문제와 자살 문제, 차별 문제, 남북 문제, 경제 문제, 경로 문제 등 실로 많은 문제들이 산적해 있다. 이러한 문제들에 대한 유림의 단합된 목소리가 울려 퍼질 때 대중이 관심을 갖고 유림의 존재를 알게 된다. 유림인구 500만이던 시절과는 너무 다른 현실을 직시해야 한다. 그것은 바로 운정과 같이 사회에 대한 목소리를 내는 길 밖에 없다.

유교의 기본원리인 역易의 원리를 망각하고서는 이 시대에 살아남을 수 없다. 유림을 제외한 많은 사람들과 사회와 국가는 오히려 역易의 원리를 충분히 활용하고 이용하여 진보하고 있는 실정인데, 유림은 오히려 이를 실현하지 못한 채 구태의연한 자세에서 벗어나지 못한 채 분쟁과 소송으로 시간을 허비하고 있다.

사회의 변화를 인식하고, 이에 대한 대안과 향후 방안을 강구해야만 우리의 우수한 전통문화를 보존할 수 있을 것이다. 15세기의 정신으로 21세기를 주도할 수 없다는 사실은 명백하다. 시대에 맞는 유교, 국민의 어른이 되는 유림, 국민을 행복하게 하는 성균관이 되기 위해서는 시대가 원하는 것이 무엇인지 알아야 한다. 그것이 바로 시중지도時中之道의 정신이다. 운정이 꿈꾸고 실천했던 길은 바로 시중지도의 지도자, 시대에 맞는 유교를 희망했던 것이다.

맹자는 성인聖人에 대하여 네 가지로 규정하고 있다. 즉, 성지시자聖之時者, 성지임자聖之任者, 성지화자聖之和者, 성지청자聖之淸者이다.[20] 이 시대에 가장, 필요한 인간형은 바로 '성지시자'이다. 운정이야말로 시중지도를 실천하고 계몽했던 인물이었다.

4. 목표 제시형 리더십

'유가유신론'과 함께 운정의 가장 큰 업적은 '윤리선언문'을 비롯한 구체적 실천에 대한 목표와 방향을 제시했다는 점이다. 그 가운데서도 오늘날까지 계승되고 있는 것은 '윤리선언문'이라고 할 수 있다. 그렇기 때문에 여기서는 운정이 만들었던 문장과 현재 사용되고 있는 문장을 모두 게재揭載하여 비교해 본다.

> 인간은 존엄하다. 존엄한 인류 가운데 우리는 한민족임을 자긍한다. 유구한 문화민족으로서의 상징은 빛나는'얼'이었고 오천년 동안 우리를 지켜준 활력은 근역槿域의 역사였다. 민족의'얼'이 빛을 더할 때 우리의 문화는 인류공영의 철학이 될 것이고 오천년을 살아온 근역의 활력이 재창조될 때 우리의 역사는 영광된 민족의 생명원이 될 것이며 이것이 곧 우리에게 주어진 인류로서의 안인安仁과 민족으로서의 위기爲己를 연결시켜야 할 주체적 사명인 것이다.
>
> 이제 우리는 세계사의 새로운 진운을 느끼며 우리 민족의 자랑스러운 전통 위에 서서 의리와 지혜로써 우리의 나가야 할 바를 밝혀 윤리의 대원大原으로 삼고자 한다.
>
> 인간이 가장 존귀하다. 인간 존엄을 되찾는 것이 윤리의 전제이며 모든 문명의 축적蓄積은 언제나 인간을 위해서만 존재하는 인본적人本的 가치이다. 그러나 현대문명의 위력이 인간의 존엄을 압도하고 인본을 떠나는 물질편중의 과학주의에 대하여 우리는 그 과학의 진로를 밝

혀줄 올바른 빛으로서 우리의 인본적 윤리를 강조하는 바이다. 개인이라는 주체가 언제나 인류창조력의 기본이며 '진정한 나'가 윤리실천의 주체이다. 자기라는 주체를 확인하는 위기爲己의 신념과 그 주체를 완성시킬 수 있는 '극기克己' 외 수양을 쌓아야 하며 이에 도달하는 윤리는 곧 경敬과 사랑愛이다. 모든 정성을 다하는 충忠의 윤리는 공경이 그 근본이 되고 친친親親의 본성에서 자기의 모든 것을 바칠 수 있는 효의 윤리는 사랑의 근본이 된다. 적게는 자기완성의 길이요 크게는 위국충성의 길로서 오천년 전통적 '얼'사상의 윤리가 여기에 있다. 그러나 우리는 전통이라고 해서 낡은 계율을 지키고자 하지 않으며 외래풍조라 해서 전면배격하지 않는다. 인간본연의 자세에서 우리민족의 생리와 주체적 이념에 부합되며 항구적인 영광의 길을 찾기 위하여 시의時宜에 적응適應되는 방법과 가치를 발현함으로써 민족의 '얼'을 소멸하는 우리 윤리에 맞지 않는 외래적인 퇴폐풍조를 배격할 뿐이다. 효는 백행의 원源이다. 그러나 이것은 절대적인 의의 이전에 부부자자父父子子의 관계를 실생활에 부응되는 면에서 찾는 것이 현대윤리의 가치관이며 이 효를 넓히면 경이 되고 또 충이 되어 광의의 사랑愛으로 발전하는 것이다.

이제 우리는 현대감각 속에서 새로운 가치관적 윤리를 찾아 인간완성의 길을 닦고 나아가 민족사관적 견지에서 확충발전시킬 사명을 가진다. 새로운 역사를 창조하기 위하여 주체관적 입장에서 자기個人를 세우고 우리民族를 찾고 나아가 인류공영의 길로서 새 윤리관을 선언한다.

서기 1973년 8월 29일 성균관장 성락서[21]

위의 '윤리선언문'은 2000년대 초반까지 유림의 모임에서 항상 읽었던 것으로 알고 있다. 글자 하나 바뀌지 않은 상태에서 30년 정도를 읽고 실천했던 것이다. 그리고 2002년경 필자가 이를 기반으로 만든 '윤리선언문'이 지금 현재 사용되고 있는 것이며, 아래에 그 원문을 게재한다.

> 우리 한민족은 인의예지를 근간으로 오천년의 유구한 문화를 창조 계승한 우수한 문화민족임을 자긍한다. 세계화의 거대한 물결 속에서도 꿋꿋하게 민족 정통성을 지켜올 수 있었던 것이 어찌 사문의 힘입은 바 아니겠는가!
>
> 세계는 바야흐로 광속으로 변화하고 있으며, 그 속에서 인류는 갈 길을 잃고 표류하고 있다. 이에 우리는 세계사의 새로운 진운을 느끼며 우리 민족의 자랑스러운 전통 위에서 인의예지로써 우리의 나아갈 바를 밝혀 윤리의 근본으로 삼고자 한다.
>
> 우리 민족은 예의를 숭상하는 동방예의지국이다. 예의의 근본은 인에 있으며, 인은 명덕과 인민으로 부터 애물에 이르는 지선임에 틀림없다. 이에 우리는 인류사회에 효제를 실천하여 인의 도를 완성하며, 수기치인의 학문을 통해 대동의 이념을 구현하고자 한다. 그러나 우리는 무조건 전통만을 고수하지 않으며 서구문물이라 하여 전면 배격하지 않는다. 인간의 정신문화를 말살하는 물질중시 풍조와 인간의 도덕성을 타락시키는 퇴폐풍조를 배격할 뿐이다.
>
> 이에 우리는 온고지신의 정신과 민족적 주체성을 바탕으로 수시처중의 이념을 이 땅에 실현하고자 한다. 작금의 우리는 무너진 윤리관을 정립하고 새로운 윤리이념을 창조해야 할 사명을 띠고 있다. 가까이는 내 자신부터 멀리는 온 인류에 이르기까지 모두가 도덕적 풍화에 젖어들기를 바라며, 지선의 세계에 도달할 때까지 우리의 선구적 임무는 멈출 수 없기에 새 시대의 윤리관을 선언한다.[22]

이 두 개의 윤리선언문 큰 맥락에서는 통하지만 현대적 감각으로 운정의 글을 바탕으로 새로 만들었던 것에 불과하다. 이와 같이 운정의 목표는 매우 분명해 보인다. 윤리라는 대명제를 통해서 국민과 유림에게 방향을 제시하며 끊임없이 독려한다.

1973년에 윤리선언문을 발표한 이후, 1974년 4월 25일 운정은 「중화학술원학위수여식」에서 명예박사 학위를 수여한 연설문에서 [윤리회복]이라는 제목을 이렇게 말하였다.

> 물질 편중의 퇴폐풍조에서 인류를 구제할 수 있는 길은 오직 잃어버린 윤리를 회복하는 데에 있다고 나도 믿고 있습니다. 모든 문명은 인간을 위해서 존재하는 인본적 가치입니다. 이것은 정신문화면에 있어서 더욱 그러합니다. 이 인본적 가치가 진정하게 발휘될 때에 비로소 사회의 안정, 기회균등, 세계평화가 오게 될 것입니다. 〈중략〉 동서양에 걸친 현대의 위기와 불안으로부터 인류를 구제할 철학은 무엇이겠습니까? 〈중략〉 진시황의 갱유분서坑儒焚書로도 어찌하지 못한 세계 최고 문명의 하나인 유교문화가 일시적인 작란作亂으로 쉽사리 말살될 수는 없을 것입니다. 〈중략〉 한중 양국이 다같이 윤리관념을 최대한으로 선양함에 있어 그 효과를 극대화하기 위하여 상부상조의 정신에서 '한중윤리위원회'를 구성할 것을 이 기회를 통하여 진심으로 제의하는 바입니다.[23]

그리고 곧바로 1974년 5월 25일 [국민윤리실천과제]를 발표한다.

> 세태가 바뀌고 시대가 흘러감에 따라 현대사회는 부모와 자녀간의 도덕이 변하여 가고 있음은 부인할 수 없다. 부모는 부모로서의 현실

> 에 부응副應되는 도리를 다해야 하고 자녀는 자녀로서의 성의誠意를 다해야 한다. 부모라 할지라도 권위만을 앞세워 자녀들의 복종만을 강요할 시기는 이미 아니다. 활동의 여력이 있음에도 불구하고 순전히 자녀에게만 의지하여 무위도식無爲徒食하는 일도 있을 수 없다. 오히려 자녀들이 민망스러울 만큼 부지런하며 자녀들의 존경심을 잃지 말아야 한다. 효심은 부모에 대한 존경에서 우러나오기 때문이다.[24]

계속해서 1974년 10월 25일에 [윤리입국의 이념]을 발표한다.[25] 이것은 자신이 전개해온 윤리 운동의 결정판이라고 해도 과언이 아닌 것으로 크게 두 가지 측면을 제시한 것이다. 하나는 자신이 주장한 데로 새로운 윤리, 즉 '유신'된 윤리를 통해서 새로운 국가적 이념으로 만들자는 것이고, 다른 하나는 유학자의 수행방식이 대승적인 것으로 변화해야 한다고 하는 것이었다.[26]

그리고 마지막으로 1975년 3월 25일에도 윤리문제를 발표한다.[27] 여기에서 그는 '윤리'를 개인적 차원에서 보다는 국가적 차원에서 인식하고 있다. 윤리를 충실히 지킨 나라는 선진국이며 윤리의 성공 여부를 그 나라의 국가등급으로 판단하기도 했다.[28]

운정은 윤리에 대한 문제를 '윤리선언문' '윤리회복' '국민윤리실천과제' '윤리입국의 이념' 등으로 계속 발표하면서 유림의 뇌리에 심었다. '윤리'라는 말이 가장 먼저 나타나는 경전은 『예기禮記』 「악기樂記」편이다. 『예기』에서는 "음악은 윤리에 통하는 것이다"[29]라고 하여, 윤리를 음악과 통하는 것으로 보았다. 여기서 말하는 윤리란 '君(군), 臣(신), 民(민), 사(事), 물(物)' 다섯 가지의 도리를 의미한다고 한다.[30] 주자는 이를 해석하여 "윤리란 사물의 무리가 각각 이치를 가지고 있는 것"[31]이라고 해석하였다. 즉, 윤리라는 용어가 현재 우리가 사용하는 의미와는 조금 다르다. 동양에서는 윤리라는 말보다 일반적으로 도덕道德이라는 명칭을 사용하고 있는데 윤리와 비슷하지만 같다고 할 수는 없다.

'도'와 '덕'을 병칭한 '도덕'이란 용어를 『논어』와 『맹자』에서는 발견할 수 없다. 다만 유가 경전 중에 『주역』과 『예기』에 '도덕'이란 용어가 나타나고 있을 뿐이다. 『주역』 「설괘說卦」에서는 "도덕에 화순하고 의를 다스리며 이치를 궁구하고 본성을 다함으로써 천명에 이른다"[32]라고 했으며, 『예기』 「곡례」 상편에서는 "도덕과 인의도 예가 아니면 완성되지 않는다"[33]이라는 말이 보인다. 도덕이란 용어는 유가와 도가를 막론하고 전국시대 후기에 가서야 연용되기 시작하였고, 한대 이후에 이르러 하나의 유행하는 명사가 되었다.[34]

이러한 것을 봐도 윤리라는 용어와 도덕이 다름을 알 수 있는데, 굳이 운정이 윤리라는 말을 주로 사용한 것도 주목해 볼 일이다. 아마 당시에 학계에서 유행하던 용어를 사용했던 것이 아닌가 생각된다.

아무튼 운정은 확고한 윤리 실천에 의미를 두고 생활 속에서 실천하기를 희망했던 것으로 보인다. 그렇게 하기 위해서는 중국과 함께 위원회를 구성하고 그 중추적 역할을 우리 대한민국이 가져야 한다고 생각했다. 운정은 두 번째 임기를 마치면서 다음과 같이 말한다.

> 광복 이후 20여 년간의 성균관은 그칠 줄 모르는 분쟁을 수습하기 위하여 또는 각종 제도정리 작업에 여념이 없었겠지만 단결을 이루지 못하고 산산이 흩어져 있는 오백만 유림에 대한 지도이념조차 세우지 못한 채 과거를 지내왔다. 〈중략〉 유림은 이 시국을 당하여 어떤 역할을 해야 할 것인가? 성균관은 어떤 정책으로써 민심을 수습하고 사회를 구제할 수 있을 것인가? 성균관의 연구분과위원회를 개편 각 대학의 사계 권위를 망라하고 윤리연구의 세계적 권위기관으로 발전시킬

소지를 마련하고 있다. 연구논문을 계간지 또는 단행본으로 하여 세계 각국의 유명 기관에 배부하고 윤리 문제라면 동양 삼국은 물론 미, 영, 독, 불 등 세계 각국의 학계 또는 사상계에서 제일 먼저 한국을 연상하게 되고 한국에서도 성균관을 찾게 될 만큼 연구분과의 기능을 확충 발전시킬 방안을 강구하고 있다. 이와 같이 성균관의 당면 목표는 새로운 가치관적 윤리강상을 수립하고 인간완성 사회정화의 길로 지향하고 있다.[35]

운정의 원대한 포부가 담긴 글임을 알 수 있다. 세계 최고의 도덕 집단으로서 선도해야 할 책무를 대한민국이 맡고, 대한민국 안에서도 유림이 맡아야 한다는 생각은 실로 당연한 것이지만 유림의 역량은 그에 미치지 못했던 것이다.

운정이 제시한 목표와 방향이 너무 원대했던 것일까? 아니면 유림의 역량이 운정의 포부를 따라가지 못했던 것일까? 대한민국은 경제발전에 몰두한 나머지 이후에도 부정부패가 만연했고, 유림도 그 속에 포함되어 있지는 않았을까?

목표와 방향이 명확하고 실천 과제까지 제시했던 운정의 노력은 허무하게 끝나고 말았지만 이러한 노력과 업적은 사라질 수 없는 것이다. 현재도 유림은 '도덕성회복운동'을 전국적으로 실시하고 있지만, 그러한 노력은 일반 시민에게까지 이르지 못하고 있다. 아마 운정이 활동했던 당시도 유사한 모습이었을 것으로 짐작해본다.

윤리와 도덕운동에서 가장 중요한 것은 실천이다. 실천 없이 말만 한다면 공허한 이론에 불과할 것이다. 그런 측면에서 운정이 제시했던 다양한 방법은 구체성을 표현하고 있다는 점에서 매우 중요한 가치가 있다.

5. 성균관을 위한 활동

운정의 리더십은 앞에서 말했지만 이 단락에서는 성균관을 위하여 어떤 일을 했는지 설명하고자 한다. 모두가 유림을 위하고 성균관을 위한 일이지만 구체적인 부분을 설명하고자 해서 별도의 장을 만들었다.

유림의 소망 가운데 가장 절실하고 호응이 좋은 것은 바로 '공탄일孔誕日을 스승의 날로'라는 정하고 경축일로 만들어 휴일로 제정하자는 의견이다. 성탄절은 1949년 정부 수립 이후 최초로 지정된 공휴일 중 하나였으며, 1975년 부처님오신날이 법정 공휴일로 지정되자 극우 성향의 개신교 교단들이 결사반대했는데 불교계에서 "특정 종교일을 휴일로 반대한다면 성탄절은 뭐냐? 성탄절을 법정 공휴일에서 빼면 우리도 가만히 있겠다!"고 하자 반발이 뚝 줄어든 바 있다. 그런데 세계 4대 성인의 한 사람인 공자의 탄신일은 여전히 경축일도 아니고 공휴일로도 지정되지 않았다. 이에 운정은 다음과 같이 말하고 있다.

> 미국 캘리포니아에서는 주의회 통과, 주정부의 공포(公布)로서 공자 탄신인 9월 28일을 '스승의 날'로 설정하여 1974년부터 시행하고 다시 연방의회 하원을 통과하였다고 한다. 이것이 상원까지 합의되고 대통령이 서명하면 전 미국에서 실시할 것이다. 〈중략〉 성균관에서도 임원회, 총회의 결의로서 공부자탄신을 경축일로 제정해 줄 것을 건의 한 바 있어...[36]

또한 『유림월보』 6주년 기념사에서도 같은 글이 게재되었다.

> 9월 28일을 스승의 날로 설정하여 공자의 학문과 도덕을 추모하며 적의적절適宜適切한 기념행사를 전국적으로 전개하여 민족 사회교화의 기틀을 삼자.37

오늘날 유림이 희망하는 일이 이미 추진되고 있음을 알 수 있다. 그러나 아직도 이 일은 성사되지 않고 있다. 현재 스승의 날은 5월 15일로 세종대왕의 탄신일로 정해서 시행하고 있다. 공자는 누구보다 학문을 좋아하고 유교는 학문을 중시한다는 점에서 대만에서는 공자 탄신일인 9월 28일을 스승의 날로 정하고 있다. 종교인구가 많다는 이유로 기독교의 '성탄절'과 불교의 '부처님 오신 날'을 공휴일로 하고 대체공휴일까지 시행되고 있는데 '공자탄신일' 만큼은 여전히 유림들의 축제로만 시행되고 있다. 운정은 이미 이러한 불평등한 문제에 대해 '스승의 날'로 정해서 시행할 것을 정부에 건의 한 바 있다. 이 문제가 수용된다면 유교를 알리고 홍보하는 역할은 물론 유교에 대한 이미지 제고를 위해서도 큰 역할을 할 것이 분명하다.

운정은 또한 유림들이 경전을 읽고 번역하는 일에 몰두하여 근본 정신을 망각하고 있다는 비평을 하고 있다.

> 아무리 많은 고전을 번역한다 할지라도 아무리 많은 유물유적遺物遺蹟을 발굴발견發掘發見한다 할지라도 그 속에 담겨 있는 정신이 개발되지 않으면 한낱 기계적 소산물所産物에 그치고 만다.[38]

운정이 제시한 것은 바로 근본적인 태도에 해당한다. 이것을 확대하여 '정신혁명제언'이라는 글에서는 중국이 공산주의 발전과정에서 문화대혁명을 통하여 유교를 말살하고 있는 점을 비판하고 있다. 그리고 우리나라에서 공자의 출현을 기다리고 있었다.

> 유교의 전통은 실상 이곳 한국에 와 있다. 한국에서 제2의 공자가 출현할 때에 다다르고 있다. <중략> 수단 방법을 가리지 않는 자기만의 이익, 자국만의 이익에몰두함으로써 초래되는 국가사회의 파멸을 구하기 위해서 부끄러움을 아는 윤리관념을 되찾아야 하며 물질만능의 비리非理를 배격하고 인간본연의 양심사회로 되돌아가기 위하여 정신문화 재창조의 혁명운동전개革命運動展開를 제언한다.[39]

1975년 8월 25일자에는 다음과 같은 글이 발표되었다.

> 일인의 식민교육에서도 초등학교 중학교에 수신修身 과목을 부과賦課하고 고등전문학교에서는 윤리학을 교과하였지만 광복후 우리나라에서는 그 형용조차 볼 수 없을 뿐아니라 남녀노소가 이윤추구에만 몰두하고 서구의 외형적 퇴폐풍조를 숭상해온 까닭에 불외不外한다. 아동에게 청소년에게 정신문화교육 부재의 계속繼續이다. 우리는 잘 살기 위한 운동은 간단없이 추진하고 있지만 바르게 살고 옳게 살자, 정직하게 성실하게 살라는 말은 듣기 힘든다.[40]

이 글의 부제副題는 '한국적 문화혁명 제창'이다. 당시 상황이 오늘날의 형태와 매우 흡사한 것을 알 수 있다. 오늘날 대한민국에서는 윤리와 도덕같은 과목은 매우 드물게 교육되고 있다. 필자가 대학을 다닐 때만 해도 필수로 들었던 과목들이지만 지금은 실시되지 않고 있다. 운정이 활동했을 당시도 역시 마찬가지 현상이 일어나고 있었다고 보인다.

유교는 다른 어떤 이념이나 종교보다 인륜을 중시하고 수제치평修齊治平을 강조하는 학문이다. 모든 이념은 공자의 사상을 기반으로 하며 가정의 효제孝悌를 우선으로 한다. 그렇기 때문에 성균관의 역할은 바로 이러한 윤리강상을 바로 세우고 정신문화를 혁신해야 한다고 보았던 것이다.

6. 나가는 말

운정 성락서는 다양한 경력과 이력을 가진 인물이지만 필자는 성균관장으로 재임하는 6년간의 기록을 통해서 유림의 총수로서 어떠한 역할을 수행했는지 살펴보았다. 필자는 유교철학을 전공하고 동시에 유림생활을 하면서 유교를 어떻게 실생활에 적용시킬지, 그리고 현대인의 마음속에 어떻게 다가가야 할지를 고민해왔다.

유교는 오랜 세월 동안 우리 민족의 삶에 영향을 끼치고 자리 잡았지만 현대에 와서는 거의 존재감이 없는 이념에 그치고 말았다. 학자들은 학문으로서의 연구에만 골몰하고 유림들은 현대문명을 따라가지 못한 채 노인들의 집단으로 머물고 있기 때문이다. 청년 유림은 사라지고 고령의 노인들만 자리를 지키는 현실이 되고 말았다. 그러나 운정의 삶을 돌아보면 예전이나 지금이나 그러한 상황은 크게 변하지 않은 것 같다.

필자는 『유림월보』에 발표된 운정의 글과 논설을 읽으면서 50년 전의 일이라는 생각보다 현재 진행되고 있는 일처럼 느껴졌다. 선견지명을 가진 운정의 노력과 열정, 국내외 정세를 파악하고 유림이 해야 할 일을 제시했던 그의 지도력에 감탄하지 않을 수 없었다. 『대학』에 나오는 "한 마디의 말이 일을 그르치고, 한 사람이 나라를 안정시킨다"[41]고 한 말이 떠올랐다.

당시 세계는 1, 2차 세계전쟁이 끝나고 미국과 소련이 각축을 벌이며 핵무장을 하는 시기였으며 중국 또한 대열에 합류하였고, 남북이 분단되어 국방문제가 항상 중요한 관심사였던 시기였다. 또한 서구 문물이 지배하고 우리의 '얼'과 정신문화가 사라지는 현실에 직면했던 운정은 전국 500만 유림에게 우리가 가야 할 방향과 목표를 분명히 제시하였다. 그것이 바로 그의 '유가유신론'이었다.

필자는 여러 가지 리더십 가운데 지도자가 갖추어야 할 덕목은 '방향과 목표를 제시'하는 일이라고 생각한다. 운정은 그런 면에서 탁월한 리더십을 발휘했고 실천한 인물이다. 경전만 암송하고 제사지내는 일에만 열중했던 유림에게 현대사회에서 유림이 할 일은 오직 '유신維新'이었고 그것을 실천하는 방법은 '윤리회복'이었다.

성균관은 조선시대에는 국립대학이었지만 그 영광만을 기억하고 있다면 새로운 시대에 적응하기 힘들다. 교육기능은 모두 현대적 학교로 이관되고 남은 것은 전통 교육과 예절, 인성이나 유림교육 뿐이다. 그러나 이마저도 대중적이지 못한 한계에 놓여 있다.

운정과 같은 지도자가 다시 나온다면 유교의 앞날은 어떻게 변할까? 다양한 매체가 발달하고 AI가 인간을 대체하는 시대에 유교의 길은 무엇일까? 깊이 고민하지 않을 수 없다.

PART 3

운정의 학문 세계

전사(典祀) 복장을 갖춘 청년 시절의 운정 선생

운정 성락서의 『조선음악서』 편찬과 그 성과

이수정

1. 들어가는 말

운정芸庭 성락서(成樂緒, 1905-88)는 해방 이후 정치가이자 행정가, 유학자, 교육자로서 큰 족적을 남긴 인물이다. 이러한 운정이 일제강점기에 이왕직에서 음악을 연구하였고 『조선음악사』라는 책을 편찬했다는 사실은 잘 알려져 있지 않았다. 그의 유고집 『운정 성락서 선생 문집 안엽기(鴈葉記)』(이하 『안엽기』)[1]에 『조선음악서』를 집필했다는 사실이 기록되어 있지만, 소략하게 언급되어 내용을 파악하는데 어려움이 있었다. 음악계에서 『조선음악사』 편찬자로 알려져 있었지만[2] 『조선음악서』는 존재여부를 알 수 없었다. 최근 일제강점기 이왕직아악부에 관한 연구가 진행되면서 운정의 이왕직 관련 활동 이력이 밝혀졌고,[3] 그가 집필한 6권 7책의 악서樂書 『조선음악서朝鮮音樂書』가 국립국악원에 소장되어있다는 사실이 알려졌다.[4]

운정 편찬 『조선음악서』는 제1권 조선음악사를 비롯하여, 악기, 음율론, 악곡, 가歌, 무舞 등 한국음악 전반을 총망라한 악서이다. 이러한 구성은 조선의 『악학궤범』·『시악화성』 이래 시도된 최대 규모임에도, 완료 후 80여 년이 지나도록 존재가 알려지지 않았다. 알려지지 못한 이유는 여럿 있겠지만, 가장 큰 이유는 출판되지 못하였기 때문일 것이다. 『조선음악서』는 이왕직에서 추진하던 대규모 편찬사업 중 하나로, 제작에 10년 이상의 기간이 소요되었다. 그런데 어떤 이유인지 출판하지 못한 채 원고 상태로 보관되었고, 편찬자인 운정이 이왕직을 떠난 이후에는 뒤를 이어 출간하는 것에도 어려움이 있었던 것 같다.[5] 운정이 이왕직을 떠난 이후 음악계와 완전히 연을 끊으면서 학문적 연계성을 가지지 못하였다. 해방 후에는 이왕직이 해산되고, 관련 자료는 소각 및 손실되었고 그나마 남은 자료는 전쟁을 겪으며 뒤섞이게 되었다. 게다가 『조선음악서』는 편찬 관련 서지 사항이 적혀있지 않아서 단순하게 이왕직 시절의 자료로 여겨져 왔다. 이 책의 의의나 편찬 과정, 편찬자에 관해 알려지지 못한 채, 국립국악원 자료실에 비치되어 여러 연구자에 대출되거나 필사 번역되어 왔다. 이렇게 된 데에는 국악계에서 이왕직과 이왕직아악부의 유산을 승계하면서 비판과 평가, 연구와 발굴을 하지 않아 발견이 늦어진 탓도 있을 것이다.

『조선음악서』가 출판되지 못한 미완의 원고라는 문제점이 있지만, 이왕직에서 편찬되었기 때문에 원고는 완성된 것으로 파악된다. 또 『조선음악서』는 궁중 안팎의 자료를 총망라하고 있으며, 정악 계통의 음악까지 집대성하여 1930년대 이왕직아악부의 상황을 알 수 있는 중요한 내용을 담고 있다. 한국음악사상 최초의 관찬음악사라 할 수 있는 조선음악사가 포함되어 있고, 악서에 부록된 악보에는 이 책에만 수록된 것이 있다. 근대적 연구방법으로 서술 및 정리하여 관찬官撰 기록물로서의 의의가 크다. 이러한 점에서 성락서와 『조선음악서』에 대한 연구가 필요하다.

편찬자 성락서는 경성제대를 졸업한 사학자로 음악과 전혀 관련 없는 이력의 소유자다. 그가 10여 년간 이왕직에서 궁중 제사와 제사 음악 관련 연구를 하여 약 1,500페이지 가량 되는 방대한 양의 음악예술서 집필을 주도했다는 사실은 놀라운 일이다. 이러한 대규모 편찬 사업은 이왕직이 아니면 수행할 수 없는 일이기도 하지만, 일제에 직접 관리되는 이왕직에서 편찬했기 때문에 왜곡되었을 위험이 존재하고 있다. 또 이왕직에서 근무하며 이러한 편찬사업을 주도했다는 사실은 운정 개인에게 부정적인 평가 가능성도 있다.

그간 선행연구에서는 운정의 유학 사상과 지도자적 자질과 역할에 관해 주목한 연구가 있었다.[6] 음악과 관련해서는 음악 촉탁으로서의 역할에 대한 연구와 『조선음악서』를 소개하고 그 의의를 밝힌 연구가 진행되면서 운정과 『조선음악서』에 대해 주목하게 되었다.[7]

이에 본고에서는 편찬자 성락서의 음악 연구 활동을 중심으로 행적을 살펴보고, 국립국악원 소장 『조선음악서』의 편찬과정 및 내용을 소개하고자 한다. 『조선음악서』의 내용 분석은 후속 연구를 통해 이루어질 것이다.

2. 운정 성락서와 이왕직의 상황

운정은 충남 공주출생으로 어렸을 때 한학을 공부하고, 공주 공립보통학교와 경성 제일고등보통학교 및 경성제국대학 법문학부 사학과를 졸업했다. 1930년부터 중앙불교전문학교 강사, 이왕직 예식과 제사계 전보사겸속典祀補兼屬, 1932년부터 1939년까지 이화여자전문학교 교수로 재직했다. 해방 후에는 정치가로 변신하여 제헌국회 의원(1948-50)과 충남도지사(1952-54)를 지냈고, 성균관대학교 학감(1947), 국학대학 교무처장(1947), 충남대 총장서리(1952-54), 성균관 관장(1970-76)과 공자학회장(1980) 등 교육계와 학계에서 활동했다.

운정의 이력 중 유학과 관련된 경력은 상당히 인상적이다. 유학 이력은 어떻게 형성되었을까? 운정은 어린 시절 유학의 가풍이 있는 집안에서 성장하였다. 집안이 비교적 부유하여 독선생을 모셔놓고 『소학』·『대학』·『논어』·『맹자』·『중용』 등을 두루 익혀[8] 한학에 통달했다는데, 어렸을 때 이미 유학의 사유 체계가 형성된 것으로 보인다. 중·고등학교 교육 과정을 마치고 대학에서 조선사학朝鮮史學을 전공하며 신학문까지 익히며 폭넓은 사유체계의 기틀이 마련되었다. 이른바 '유교 엘리트'로 성장하여, 1932년부터 1939년까지 이화여전(1932-39)에서 유학儒學 교수로 재직했다. 해방 이후에는 더욱 활발하게 활약하여 성균관대학교 학감, 성균관 관장 및 공자학회장을 역임하고 『유림월보』와 『주간종교』[9]에 기고하는 등 유학과 관련된 교육과 학술 활동을 하였다. 이러한 운정의 교육경력과 정치·사회활동 이력을 통해 사상의 근간이 어릴

적 배운 유학에 있었으며, 유학이 삶에 결정적 영향을 미쳤다고 평가되고 있다.[10]

어렸을 적 학문으로서 유학을 배웠다면, 유학의 실무경험은 어떻게 형성되었을까? 이왕직은 아니었을까? 운정의 삶에서 이왕직 재직 이력은 크게 주목받지 못했지만, 경성제대를 졸업하던 해인 1930년경 입직入直하여[11] 1940년까지 약 10년간 몸담았다. 먼저 운정이 근무했던 이왕직에 대해 살펴보면 다음과 같다. 이왕직李王職은 일제가 대한제국 황실을 이왕가李王家로 격하하면서, 왕실 관련 사무와 왕족의 신변 관리를 위해 1911년 설치한 기구이다. 이왕직은 대한제국에서 황실 업무를 담당하던 궁내부宮內府의 역할을 승계하였으며, 왕족의 호위와 근시近侍, 전국에 산재한 능원陵園 등 재산관리, 제사 업무를 담당했다.

이왕직이 업무를 시작할 무렵 국가제사는 대부분 폐지되었다. 조선과 대한제국에서 제사의식은 국가 제사와 왕실 제사가 구분되지 않고 모두 국가 제사로 취급되었다. 하지만 일제강점기에는 국가 관련 제사는 지낼 수 없었고, 이왕가 가문 제사인 종묘제례를 지낼 수 있었다. 제사에 악가무樂歌舞를 갖추기 위해 이왕직 산하에 이왕직아악부라는 연주단을 두었다. 이왕직아악부는 조선 장악원掌樂院의 업무를 승계한 조직으로, 50여명이 궁중 제례뿐 아니라 연례 의식 음악을 담당했다. 한편 당시에는 문묘제례도 거행됐다. 일제는 성균관과 문묘를 경학원經學院으로 개칭하고 조선총독부 산하에 두었다. 경학원을 조선총독부에서 직접 관리하면서, 성균관을 비롯해 각 지방 향교까지 유림 조직을 손에 넣어, 식민정책을 홍보하는 수단으로 활용했다. 경학원에서는 일 년에 두 번 춘향春享과 추향秋享을 거행했는데, 석전향사釋奠享祀에 사용하는 문묘제례악은 오직 이왕직아악부만이 연주할 수 있었다. 문묘제례가 이왕가와는 관계없는 제사가 되었지만, 이왕직에서는 악사樂士를 보내 음악과 일무를 제공했다. 일제에 의해 유교조직이 붕괴된 상황에서도 이왕직은 유교식 제례를 지냈기 때문에 정통 궁중예법의 실무를 습득할 수 있는 곳이었다.

이왕직 소속 직원은 일정 직급이 되면 『궁내성직원록』에 기재된다.[12] 일본 궁내성 직원 명부인 이 '직원록'을 살펴보면, 운정은 1931년부터 1940년까지 이왕직 예식과禮式課 소속 '전사보겸속典祀補兼屬'이라는 직원이었다. 예식과는 업무에 따라 제사계 · 능무계 · 의식계로 세분되는데, 운정은 제사계祭祀係 소속이었다. '전사보겸속'이라는 직책은 전사보典祀補와 속屬이라는 두 종의 업무를 겸직하는 것을 말한다. 전사보와 속은 모두 판임관判任官이라는 하급 관료에 해당하는데, 전사보는 제사에 관한 일典祀補は判任とす祭祀に從事す, 속은 서무를 담당屬は判任とす庶務に從事す 한다.[13] 그리고 '제사에 관한 일'은 아악까지 포함된 것이었다.

운정은 아악부雅樂部라는 부서에서도 전사보겸속 직책을 겸직했다. 원래 이왕직 예식과 제사계에 연주단인 '(이왕직)아악부'가 소속되어있었는데, 1931년 조직변경을 하며 처음으로 '아악부'라는 독립부서를[14] 만들었다. 아악부서는 오래 지속되지 못하고 1933년 폐과되면서 원래대로 예식과로 돌아갔다. 이런 변화가 있을 때가 운정이 이왕직에 들어왔을 무렵이라, 운정이 일시적으로 두 개 부서에서 전사보겸속을 담당한 것이다. 아악부서는 원래대로 예식과로 되돌아갔으므로 운정의 담당업무에 제사와 아악이 포함되는 것은 동일했다. 따라서 예식과 제사계 소속 전사보겸속이었던 운정은 제례와 음악 및 서무 업무를 담당하며 유교의식의 실무경험을 쌓았다 할 수 있다.

전사보 업무를 오래 담당하다 보니 종묘대제에서 제관을 맡아보기도 했는데, 1935년 종묘 춘향春享에서는 재랑齋郞,[15] 1938년 종묘 추향秋享에서 전사관典祀官 · 대축大祝 등을[16] 맡아보았다.

〈사진 1〉 전사(典祀) 복장을 갖춘 운정[17]

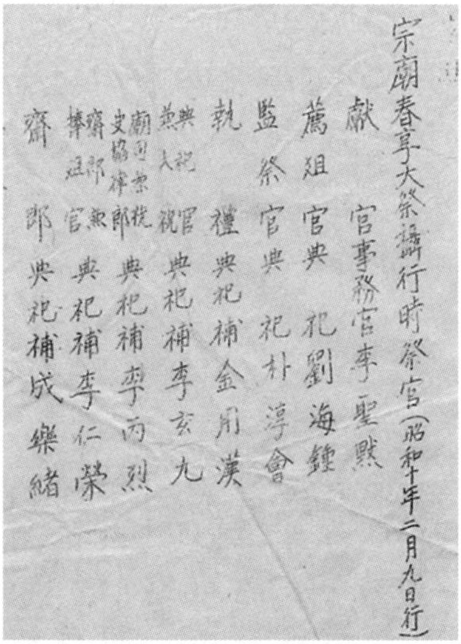

宗廟春享大祭攝行時祭官(昭和十年二月九日行)
獻官 事務官 李聖默
薦俎官 典祀 劉海鍾
監祭官 典祀 朴淳會
執禮 典祀補 金用漢
典祀兼大祝 祝官 典祀補 李玄九
廟司祭 史協律郎 典祀補 李丙烈
齋郎 兼 奉俎官 典祀補 李仁榮
齋郎 典祀補 成樂緒

〈자료 1〉 1935년 종묘 춘향에 재랑 담당

한편 운정은 '이왕직아악부 촉탁' 또는 '이왕직아악부 주임'으로 소개되기도 했다. 주로 이왕직아악부 관련 대외 활동을 할 때 이 명칭을 사용했다. 촉탁囑託이라는 직함은 '조선음악사'와 관련된 일을 했을 때 사용했고, 주임主任은 경성방송에 출연했을 때 사용되었다.

운정은 1939년 6월부터 1940년 3월까지 부정기적으로 6회 가량 〈조선악기이야기〉 또는 〈아악기이야기〉라는 제목의 라디오 강연 프로그램에 출연했다. 일제강점기 라디오에서는 가정, 아동, 사회 교육을 위해 고정적으로 강연과 연설 프로그램이 방송되었는데, 운정도 이러한 강연프로그램에 출연한 것이다. 강연 주제가 '조선악기이야기'였는데, 〈자료 2〉에 의하면 악기의 유래, 구조, 음역, 특징을 설명한 후, 악기 실연(實演)과 연주법을 설명하는 방식으로 진행되었다. 이러한 방송 진행은 다음 장에서 소개할 운정 편찬 『악기편』의 내용을 바탕으로 한 듯하다. 『악기편』의 내용은 악기의 유래, 구조, 조현법, 연주법, 음역 등으로 서술되어 방송 예고와 거의 일치한다. 1939년부터 1940년에 방송이 이루어졌으니 『조선음악서』 집필이 거의 끝날 무렵에 그동안 연구한 내용을 방송에서 소개한 듯하다. 소개한 악기는 생황笙簧 · 금琴 · 대금大笒 · 양금洋琴[18] 등이었으며, 연주는 이왕직아악부에서 담당했을 것이다.

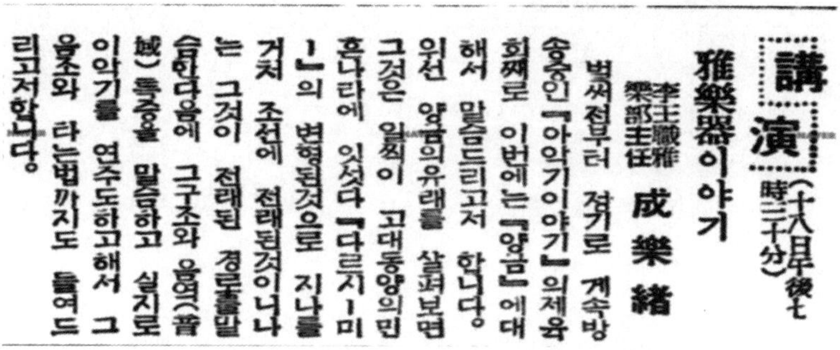

講演 (十八日午後七時三十分)

雅樂器이야기

李王職雅樂部主任 成樂緖

벌써전부터 적기로 계속방송중인『아악기이야기』의제육회째로 이번에는『양금』에대해서 말슴드리고저 합니다。위선 양금의유래를 살펴보면 그것은 일찍이 고대동양의민흔나라에 잇섯다『다르지ㅣ미ㄴ』의 변형된것으로 지나를거처 조선에 전래된것이니나는 그것이 전래된 경로를밝음한다음에 그구조와 음역(音域)특증을 말슴하고 실지로 이악기를 연주도하고해서 그음조와 라는법까지도 들여드리고저합니다。

〈자료 2〉 운정의 〈아악기이야기〉 라디오 방송 예고 기사[19]

그렇다면 운정이 이왕직에 들어간 된 경위는 무엇일까? 하는 의문이 생긴다. 먼저 1930년 무렵 이왕가와 이왕직의 상황을 살펴보자. 대한제국 황실이 이왕가로 격하되자, 왕실을 대하는 대중의 생각이 매우 복잡했다. 국권을 회복하고 독립하는데 기여할 것이라는 기대감도 있었지만, 반대로 '불꺼진 화로', '오백년 적폐'라며 왕가를 청산하고 근대사회로 나가야 한다는 폐지의견도 있다. 설상가상 1926년에 마지막 왕인 순종이 승하하고 상징적 구심점마저 사라지게 되면서, 왕족 근시近侍를 목적으로 세워진 이왕직은 존립이 흔들렸다. 경성 이왕직에서 모시는 왕족은 순종비인 순정효황후 뿐이고, 영친왕 이은李垠과 왕비 나시모토노

미야마사코梨本宮方子 내외를 비롯해 왕자와 공주 등 직계 왕족은 모두 동경 이왕직에서 관리하고 있었다.

이왕직의 업무는 순종 승하를 기점으로 이왕직의 업무는 왕족 근시나 내부 행사는 거의 없어지고, 재산관리와 편찬사업, 외부 활동 위주로 방향이 바뀌게 되었다. 1927년부터 『고종실록』·『순종실록』 편찬 사업이 시작되어, 1930년 4월 이왕직 내에 실록편찬실이 마련되었다. 실록은 1934년 6월 완료되어 1935년 영사본이 간행되었으나, 이왕직에서는 왕실 관련 문헌 발간을 지속하여 1936년 『국조보감國朝寶鑑』,[20] 1939년에는 『왕공실기王公實記』 편찬이 시작되었다. 궁중음악과 관련해서는 1926년 '음악사音樂史'편찬이 시작되고, 1928년 궁중음악의 오선악보五線樂譜 제작, 1928년 『조선아악』 음반 제작, 1930년 악서樂書와 아악보雅樂譜 편찬 등이 진행되었다. 『고종실록』·『순종실록』 편찬 예산 내역에는 '악서', '아악보'예산이 배정되어 있어서,[21] 음악관련 편찬사업도 동시에 진행하였음을 알 수 있다.

이왕직의 실록편찬은 이왕직 차관 시노다지사쿠篠田治策가 위원장, 이왕직 장관 이항구가 부위원장을 맡았는데, 실질적인 편찬 책임은 경성제국대학 오다쇼코小田省吾 교수가 맡았다. 실록과 음악관련 편찬사업이 동시에 진행되는 이왕직의 상황에서는 악서 편찬 분야를 담당할 전문가가 필요한 시점이었다. 마침 이왕직에서 편찬사업이 진행되는 것을 먼저 알았던 역사학자 자산自山 안확(安廓1886-1946)이 1925년에 '음악사 편집논의'[22]라는 제안서를 제출하여, 1926년 악서편찬촉탁으로 채용되었다. 그런데 안확의 연구는 이왕직에서 기대했던 방향과 달랐던 듯하다. 안확의 원고를 아악부에 검수케 했는데, '동양 악서도 아니고 서양악서도 아닌 괴악서怪樂書'이며 '악서편찬 촉탁은 무능하다'고 평가했다. 이러한 불명예를 안고 안확은 1930년 이왕직을 떠나게 되었고, 그동안 연구했던 내용은 조선총독부 기관지 『조선』에 발표했다.[23] 안확이 악서 편찬 촉탁을 그만둔 직후 운정이 이왕직에 입사한 것이다.

> 그[주: 안확을 뜻함]의 뒤로 악서 편찬의 임무를 맡고 아악부에 들어온 이가 경성제국대학 사학과 출신의 성낙서씨였다. 그는 아직 대학 재학 중에도 위당(爲堂) 정인보(鄭寅普) 선생과 함께 더러 아악부에 나타나곤 하였다.[24]

위의 인용에 따르면, 운정은 '안확의 후임으로 악서 편찬'을 위해 들어왔으며, 경성제대 재학시절부터 이왕직에 출입하여 안면을 익혔다고 하였다. 이왕직에 들어오기 이전부터 악서편찬 담당으로 내정되었음을 알 수 있다. 당시 이왕직 소속 조선인 직원 중 경성제대를 출신은 운정이 유일했다. 그런데 단 한 번의 승진도 없이 10년간 전사보겸속이라는 말직을 담당한 사람도 운정이 유일했다. 당시 사회적 분위기에서 경성제대를 나온 엘리트 사학자가 전공과 관계없는 직책에서 10년간 근무하였다는 것은 믿기 어려운 일이다.

이러한 정황으로 판단하면 운정에게 전사보겸속이라는 정직원 직책을 주고, 악서편찬 실무를 담당할 책임자로 뽑혀왔을 가능성이 크다. 그리고 이 결정은 이왕직의 편찬사업에서 실질적인 책임자인 경성제대 교수 오다쇼코와 사제관계였기에 가능했을 것으로 여겨진다. 운정은 『조선음악서』가 완성된 1940년 무렵, 맡은 일을 마무리 짓고 이왕직을 떠났다. 이왕직을 나간 이후 유학과 관련된 일과 유교적 삶의 방식은 따랐지만, 아악이나 음악과 관련된 일에는 일절 관여치 않았다. 그렇지만 이왕직에 근무하며 궁중의식 관련 실무경험과 음악 지식을 쌓을 수 있었고, 그 경험으로 해방이후 유학 관련 업무를 수행한 것으로 보인다.

3. 근대적 관찬 예술서 『조선음악서』

3.1 『조선음악서』 편찬 개요

『조선음악서』는 6권 7책으로, 제1편 『조선음악사朝鮮音樂史』, 제2편 『악기편樂器編 기일其一』·『악기편樂器編 기이其二』, 제3편 『음률론音律論』, 제4편 『악곡편樂曲編』, 제5편 『가편歌編』, 제6편 『무편舞編』으로 구성되어 있다.

〈표1〉 『조선음악서』 6편 표지[25]

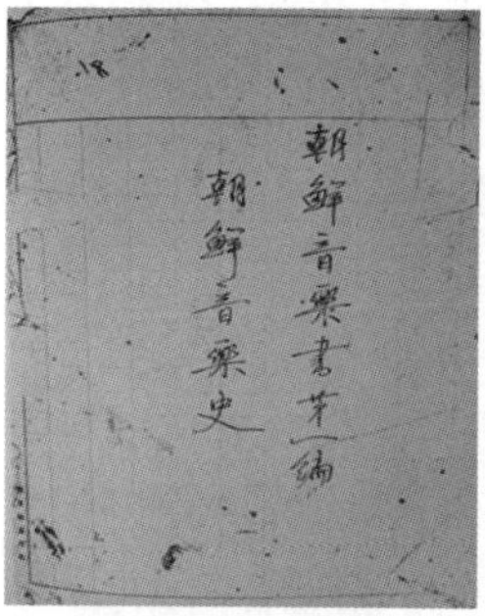

제1편 『朝鮮音樂史』

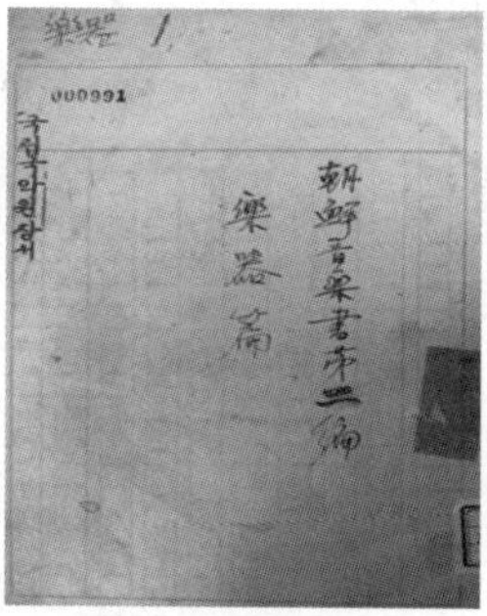

제2편 『樂器編』(其一)

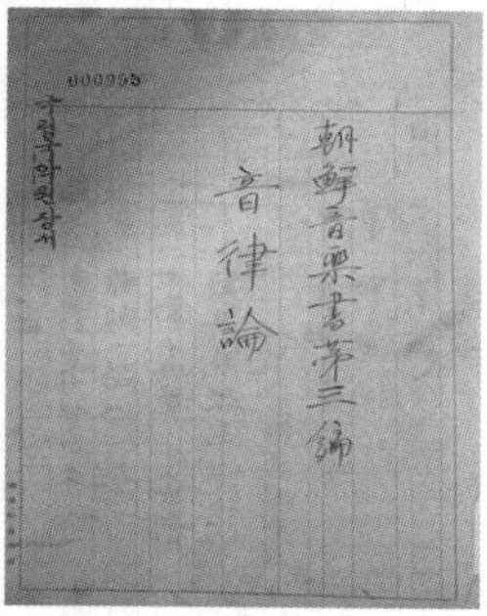

제3편 『音律論』

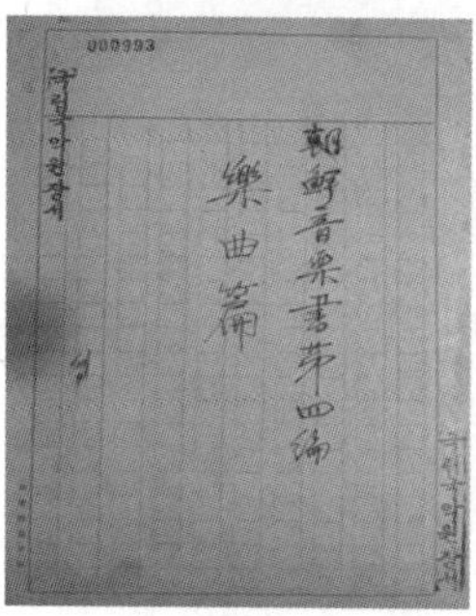

제4편 『樂曲編』

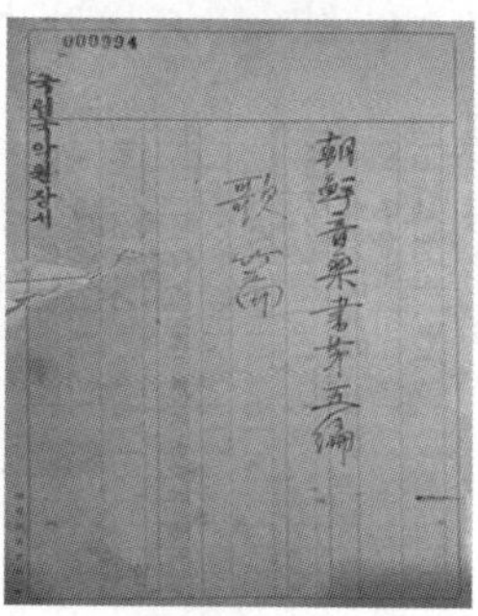

5편 『歌編』

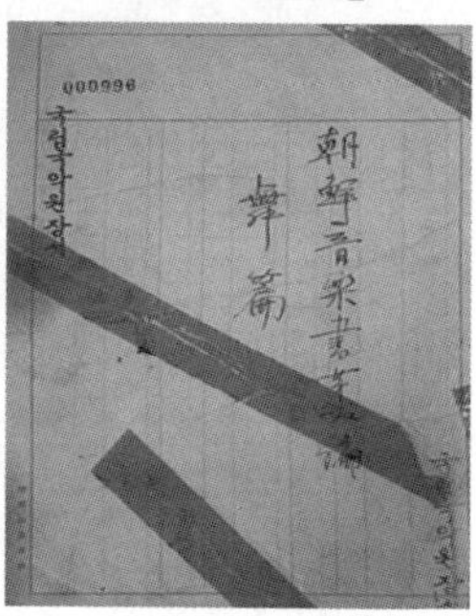

제6편 『舞編』

『조선음악서』는 원고지에 일문日文으로 작성한 필사본이다. 줄을 그어 보충하거나 고친 흔적이 있으며, 수정 분량이 많을 경우에는 첨지(籤紙)를 덧붙인 점으로 보아 교정을 거친 원본이라 할 수 있다. 『조선음악서』는 '악서편찬용지樂書編纂用紙'라 인쇄된 200자 원고지를 사용했으며, 악보는 정간보와 오선보가 병용되었다. 정간보는 판심에 '이왕직아악부李王職雅樂部', 오선보는 하단에 '악보원고지 이왕직樂譜原稿紙 李王職'이라 인쇄된 용지를 사용했다. 이 밖에 악기 도상, 표, 부호 등 규격이 다른 경우 일반 용지에 작성하여 원고지에 붙였다.

『조선음악서』 자체에는 편찬자 및 편찬 정보가 없지만, 운정이 주요 편찬자인 것은 분명해 보인다. 우선 운정 본인이 『조선음악서』를 편찬했다고 분명히 밝히고 있다.[26] 또 제1편 『조선음악사』의 경우는 국한문으로 번역 필사한 이본이 존재하는데, 그중 장사훈 필사본 표지에 '李王職雅樂部囑託 成樂緖 執筆 1930-1937'이라는 기록이 있어[27] 운정이 편찬한 것이 확인된다. 제1편 『조선음악사』는 사학자인 운정이 연구하여 서술한 것이 분명해 보인다.

> 1939년 4월에서 그다음 1년 동안에 조선음악서를 집필했습니다. 역사적인 면, 악기편, 무편, 악곡편 등으로 나누어져 있습니다. 이것을 창덕궁에 내놓으면서 느낀 것이 있는데, 아악, 관악, 속악으로 우리나라 음악이 분류되는데 아악은 종묘악, 제례악이고 관악은 임금이 연회할 때 쓰는 것과 군악이 있고, 우리나라에서 예전부터 내려오는 고전음악을 속악이라고 했습니다. …이화여전에서는 이 책을 집필한 후에 나오게 됐지요.[28]

그런데 『음률론』·『악곡편』·『무편舞篇』의 내용과 부록악보 및 사보 등을 살펴보면, 운정 혼자의 힘으로는 어려웠을 것 같고, 궁중음악 전문가의 도움이 있었던 것 같다. 아래 인용에서 보듯 3대 아악사장 김영제와 4대 아악사장 함화진 등 이왕직아악부의 협조가 있었다.

> …사천여년동안 이 땅의 옛 정서가 전아장중(典雅莊重)한 음곡으로 얼기설기 감겨 있는 음악을 역사적으로 편찬하여 길이 천만세에 남겨 놓도록 조선음악사를 편찬하기 십수 성상, 이제와서 거의 그 완성을 보게 되었다는 쾌(快) 뉴-쓰-…(중략)…창덕궁 이왕직에서는 벌써부터 이에 관한 재료를 수집하고 정리하여 음악사편찬을 기도하여온 바로 이 일의 시작은 전 아악사장 김영제(金永濟)씨 때부터로 공로가 크고 현재는 성락서(成樂緖)씨의 손에서 이루어지고 있는데 여기엔 현재 아악사장 함화진(咸和鎭)씨의 악기도설이 먼저 만들어진 만큼 또한 공로한 바 크다고 한다. 재료 수집을 마치고 원고 정리를 시작하야 이미 그 일부분은 끝나고 머지않아 전부가 완성되어 금년 가을 안으로는 합4권의 귀중한 저술이 세상에 나타나게 되었다는 것이다.…[29]

또 운정이 입사했을 무렵 이왕직에는 실록편찬실이 설치되어 기초자료가 수집되어 있었다. 음악 자료는 1926년부터 음악사편찬사무 촉탁으로 채용된 안확이 원고 작성을 마쳤으니 자료수집뿐 아니라 선행집필 성과도 참조할 수 있었을 것이다. 1936년경 조선총독부 중추원 조사과 촉탁을 지낸 조범하(趙範夏, -1937)가 '악서편찬에 관한 사무촉탁樂書編纂ニ關スル事務囑託'으로 채용된바 있다. 이처럼 『조선음악서』는 이왕직에서 행정적 지원를 해주었으며, 전문가의 협조도 있었다. 『조선음악서』는 이왕직의 주관 하에 운정이 중심이 되어 편찬했다고 평가할 수 있다.

집필 시작과 완성 시기 역시 『조선음악서』에 적혀있지 않다. 이왕직

예산안을 살펴보면 1930년에 실록편찬비와 악서편찬비가 계속비용으로 산정되어있다. 악서편찬촉탁 안확이 해고되었지만, 해당 비용이 계속 사용되고 있었으므로 사업은 끊어지지 않고 지속된 것으로 보인다. 따라서 1930년 운정이 입사하며 편찬사업이 재개된 것으로 볼 수 있다.

완성 시기에 대한 기록이 혼란스러워 상세히 살펴볼 필요가 있다. 앞서 언급한 장사훈 필사본 『조선음악사』 표지에는 '1930-1937년'이라는 표기가 있다. 그런데 위의 인용문에서는 '금년 가을 안(1939)'에 전체 4권이 완성될 예정이라 했고, 운정은 『안엽기』에 '1939-1940년 조선음악서 역사 · 악기 · 가 · 무 · 악곡 5권을 집필했다'[30]고 기록하여 1940년에 완성됐음을 밝힌 바가 있으며, 『조선음악서』 제5편 『가편』에 내부 악보에 '己酉 六月 中潮 完(1939년 6월경)[31]라고 적힌 부분까지 있어 정확한 완성 년도를 알기 어렵다. 본고에서는 완성 시기에 관한 실마리를 『조선음악서』의 내용에서 찾아보았다.

첫 번째는, 『조선음악서』에 수록된 곡의 종류와 악보를 살펴보면 완성 시기를 추론해볼 수 있다. 『조선음악서』에는 많은 악보가 수록되어 있는데, 제5편 『가편』은 악장樂章과 가곡歌曲 · 가사歌詞 · 시조時調 같은 정가正歌 악보가 수록되어있다. 악장과 가곡은 노랫말만 게재했지만, 가사와 시조는 정간보와 오선보를 제시하고 있다.

이 12가사와 시조의 오선악보는 이왕직 공식 편찬물에서 처음 보는 것이다. 그런데 『조선음악서』에 가곡, 가사, 시조 같은 민간음악이 악보화 되어 실려 있다.

원래 장악원에서 가곡의 선율을 정재반주로 사용했지만, 노래 곡으로써 가곡은 사용하지 않았다. 가곡, 가사, 시조 같은 민간음악이 1910년대 이왕직에 도입되었고, 이후 아악부에서 교육하여 공연에 사용했다. 새로운 음악을 교육하면서 악보가 필요했는데 정간보는 원래부터 사용해왔기 때문인지 제작에 대한 기록이 없지만, 오선보는 1928년부터 악보제작이 시작되었다. 그리고 1939년 5월 궁중 제례악, 연례악 및 가곡의 악보가 완성되었다. 오선보를 사용했다면 이때 제작된 악보를 가져다 사용했을 터인데. 가사와 시조는 이왕직아악부 오선보에 없다.[32]

이왕직아악부에 전승된 가사는 하규일河圭一 전승 8곡과 임기준(林基俊, 1868-1940) 전승 4곡이 있다. 하규일은 1926년부터 이왕직 촉탁으로 채용되어 가곡과 가사를 교육했지만, 임기준은 1939년 6월 1일부터 9월 22일까지 약 4개월 동안 임시촉탁으로[33] 가사와 시조를 전수했다 한다. 그중 임기준이 아악부에 전수해준 4곡은 〈수양산가〉·〈양양가〉·〈처사가〉·〈매화타령〉인데, 『가편』에 모두 실려 있다. 특히 이 4곡은 '歌詞之部'악보 맨 앞쪽에 실려 있는 점으로 미루어,[34] 가사 악보의 제작은 임기준의 전수 교육이 끝난 1939년 9월 이후에 완료되었다고 보아야 할 것이다.

또 임기준이 전수한 시조는 '사설지름시조' 이다. 그런데 『가편』 '時調之部'에는 〈평시조〉·〈중거시조〉·〈지름시조〉·〈사설시조〉만 수록되어있고, 〈사설지름시조〉가 빠져있어서 임기준이 들어오기 전에 만들어진 것으로 보인다. 그런데 『가편』'時調之部'악보 말미에 앞서 언급한 '己酉 六月 中潮 完'라 기록이 있다. 임기준의 재직기간과 가사와 시조 악보의 제작 기간을 감안하고, 악보제작이 오랫동안 순차적으로 진행되었던 여건으로 보았을 때, '己酉 六月 中潮 完'은 시조지부 악보에 한한다 할 수 있다.

두 번째는, 『조선음악서』의 본문을 살펴보면 상호보완적이다. 추가설명이 필요한 경우 다른 편의 내용을 참고하도록 서술되어 있다. 예를 들어 『조선음악사』의 삼분손익법 설명(414쪽) 부분에서는 '『음률론』을 참조'하도록 표시하였고, 『음률론』의 삼분손익법 설명(18쪽) 부분은 '『조선음악사』 제7장 제2절'을 참조하라는 표시가 있다. 즉 전 6권을 서로 참조하도록 서술하고 있다. 이것은 각각 일차 집필이 끝난 후 내용을 서로 비교하여, 동시에 탈고한 흔적으로 여겨진다.

따라서 이왕직아악부 오선보의 완성 시기, 임기준의 가사와 시조 교육 이후 악보제작 소요기간, 전체 원고를 수합한 후 원고 정서 또는 악보 사보 등을 감안하면, 『조선음악서』는 1939년에 완성되었다고 보기는 어렵다. 운정이 '1939년에서 그다음 1년 동안 조선음악서를 집필했다'고 밝힌 내용대로, 1940년에 완성되었다고 보는 것이 자연스럽다.

3.2 『조선음악서』의 내용

제1편 『조선음악사』는 참고문헌, 목차, 본문의 순으로 기술하고 있다.

먼저 참고문헌은 약 113종의 문헌이 나열되어 있다. 『예기』·『당서』·『신당서』·『문헌통고』·『악학궤범』·『삼국사기』·『삼국유사』·『삼국지』·『통전』 등과 같은 한국과 중국의 고문헌과 조선왕조실록과 의궤류를 비롯해 「아악부연혁」이 포함되어 있다. 『악가록』·『인지요록』·『삼오요록』·『일본서기』·『속일본기』·『고사기』 등 일본 문헌과 악보류를 사용했으며, 당대 연구자인 최남선, 이희승, 어윤적, 정인보, 오쿠라신페이小倉進平, 이다치쿠리노조足立栗園, 동양학학술조사부 등의 연구 성과도 참조한 것으로 보인다. 『조선음악서』 전체를 살펴보면 참고문헌에 기록되지 않은 문헌도 사용하고 있어서, 실제로는 더 많은 문헌을 참조하였다.

『조선음악사』의 목차는 다음과 같이 구성되었다. 대항목의 시대구분은 고대부터 현대까지 왕조사적 구분을 하였지만, 소항목은 음악적 특징을 제목으로 뽑아 음악사적 흐름을 파악할 수 있도록 구성하였다.

〈표2〉 제1편 『조선음악사』 목차

章	節
第一章 音樂ノ原始的徑路	-
第二章 三國 以前ノ樂俗	第一節 韎ト侏離
	第二節 諸部族ノ樂俗
第三章 高句麗ノ音樂	-
第四章 百濟ノ音樂	-
第五章 新羅ノ音樂	第一節 總論
	第二節 新羅ノ樂俗(其ノ一)
	第三節 新羅ノ樂俗(其ノ二)
第六章 高麗朝時代ノ音樂	第一節 燃燈會 及 八關會ト 音樂
	第二節 宴樂, 歌戲ノ流行
	第三節 音樂官署及其ノ制度
	第四節 鄕樂
	第五節 唐樂
	第六節 雅樂
第七章 李朝時代ノ音樂	第一節 禮樂ノ精神ト 樂制
	第二節 世宗朝ノ整理ト 朴堧ノ功績
	第三節 世祖朝ノ改定
	第四節 樂學軌範ノ編纂
	第五節 中期ノ樂章問題
	第六節 末葉ノ音樂
第八章 現代ノ音樂(雅樂)	-

『조선음악사』의 내용은 전체 8장으로 구성되었는데, 제1장은 음악의 기원을 개괄하고, 제2장은 삼국시대 이전 매韎와 주리侏離, 동이악東夷樂 등을 살펴보았고, 제3장 고구려음악은 중국에서 유입된 서역 음악, 거문고 음악의 성립, 노래와 무용 등을 검토하였다. 제4장 백제음악은 『삼

국사기』를 인용하여 음악 기록을 검토하고 악기 · 노래 · 춤을 소개하였다. 백제노래로 〈지리산가〉 · 〈무등산가〉 · 〈산유화가〉 · 〈정읍사〉 · 〈서동동요〉의 노랫말을 소개하였는데, 노래 〈정읍사〉의 정읍의 위치 찾아보기도 했고 〈서동요〉는 『삼국유사』에 근거하여 유래를 찾아보았다. 제5장 신라의 음악은 3개의 절로 나누었는데, 제1절은 음악의 소질, 음성서의 설치, 화랑의 음악으로 구성하였다. 제2절 신라의 악속(樂俗)은 〈도솔가〉 · 〈사뇌가〉 · 〈창찬여래가〉 등 향가에 대해 살펴보았고, 제3절은 중국문화유입과 불교 및 삼국 통일과 같은 시기적 배경을 설명하고 삼현삼죽 성립과 악곡, 옥보고와 우륵 가야금과 악조(樂調), 최치원의 〈향악잡영오수〉, 『고려사』에 전해지는 신라춤 등을 서술했다.

제6장 고려조시대 음악은 『고려사』를 중심으로 연등회와 팔관회 음악과 연희, 음악기관인 대악서의 연혁과 아악서의 설치를 설명했다. 제4절-제6절은 향악 · 당악 · 아악으로 나누어 설명하였다. 향악에서는 용어설명과 향악기의 종류, 삼국에서 전해진 향악과 고려 창작향악, 향악의 유래 등을 설명했고, 당악은 〈헌선도〉 · 〈수연장〉 등 악곡을 소개하고, 아악은 아악의 유입과 악기, 악기편성, 선법, 박자 등을 설명했다. 표로 태묘의 등가 · 헌가 악현과 일무도, 원구 · 사직 · 선농 · 태묘 · 공자묘의 제례 절차와 용악用樂 등을 정리하였다.

제7장 이조시대 음악은 제1절에서 조선의 예악정신과 제도를 개괄하고 장악원의 음악인, 음악기관의 명칭과 직제, 연회의 규모에 다른 주악奏樂 인원수 등을 정리하였다. 제2절에서는 세종의 신악창제와 박연의 업적을 살펴보았고 정간보 창안에 관해 서술하였다. 제3절은 세조의 보태평과 정대업의 개작과 오음약보와 대강보의 활용, 제4절은 『악학궤범』의 편찬 배경과 내용을 소개했다. 제5절 중기中期의 악장樂章 문제 항목에서는 인조시대 종묘악장에 〈중광장〉이 추가된 점, 서명응의 『대악

전보』와 『대악후보』의 내용을 소개하였다. 제6절은 영조대에 『악통』·『시악화성』·『악서고존』 등 악서가 편찬되었으며, 순조 이후에는 음악이 쇠퇴하였다고 평하였다.

마지막으로 제8장 현대의 아악은[35] 한일합병 이후 1911년 이왕가의 제전祭典을 위해 아악대雅樂隊가 설립되었으며 1919년 아악부원양성소 설립, 1922년 직제개정과 같은 이왕직아악부의 약사略史를 다루었다. 현재 아악부 직급과 직원의 수, 현존하는 악기의 종류와 현행 악곡·무용·노래의 수를 기록하였다.

제2편 『악기편』은 악기에 관한 내용이며, 2책으로 구성되었다. 제1장은 총론, 제2장 악기분류법, 제3장 탄주악기彈奏樂器, 제4장 취주악기吹奏樂器, 제5장 격주악기擊奏樂器, 부록으로 중요 악기 음역 대조표, 현재의 종묘 등가·헌가 악기 진설도, 문묘 등가·헌가 악기 진설도가 수록되었다. 제2장 악기 분류법에서는 『악학궤범』의 계통별 악기 분류법, 『증보문헌비고』의 팔음에 따른 분류법을 살펴보았다. 주악 형태에 따라 탄주악기, 취주악기, 격주악기로 나누었고 『악기편』은 이 분류법을 채택하여 서술하였다. 하부 항목에서 악기를 하나씩 설명했는데, 악기의 유래, 악기 관련 문헌 기록, 연주곡, 악기 도상, 구조, 조현, 연주법, 음역, 기보법 및 연주법의 순으로 기술하였다. 악기의 유래를 설명할 때 일본 음악학자 다나베히사오田邊尙雄 『日本音樂講話』와 Carl Engel의 『The music of the most ancient nations』, 『Musical instruments』 등 음악이론서를 인용하였다.

제3편 『음률론』은 음악이론을 다루고 있다. 제1장은 율(律)과 려(呂), 제2장은 기초음과 척도, 제3장은 율려상생법, 제4장은 5성과 7성 음계, 제5장은 선법과 조이다. 복잡한 계산과 내용을 표와 도식 및 악보를 사용해 설명하였다. 『음률론』은 조선과 동서양의 음악이론을 비교하였으

며, 기본음인 황종음에 대해서는 다나베히사오의 물리학적 연구가 있었다고 언급하였다. 기본음의 기준이 되는 척도尺度는 횡서고척橫黍古尺, 종서금척縱黍今尺, 현대곡척現代曲尺을 표로 만들어 비교하였고, 삼분손익법을 매우 자세하게 설명하고 있다. 제3장 율려상생법에서는 『회남자』와 『한서율력지』의 상하상생법을 제시하고 율려 산출을 설명하였다. '역대12율대조표'를 만들어 중국의 주대에서 명대까지, 현대 조선 · 일본 · 서양의 12율을 비교하였다. 제4장 5성聲과 7성聲의 음계와 동서양의 음정 차이를 설명하였다. 서양음악의 평균율과 조선음악의 진동수를 비교하여 황종=C로 보았고, 이를 기준으로 7음음계의 진동수를 제시하였다. 제5장 선법과 조에서는 계명階名과 음명音名을 설명하고 〈표〉와 같은 7종의 음계를 제시하였다. 마지막에 '율명과 음역대조표', '악기의 음역과 음계대조표'를 오선보에 정리하여 부록하였다.

〈표3〉 음계조별대조표

본음계	제1평조	궁조 궁선법
제1변화형	제2평조(횡지평조)	상조 상선법
제2변화형	제1계면조	각조 각선법
제3변화형		변치조
제4변화형	제3평조	치조 치선법
제5변화형	제2계면조(횡지계면조)	우조 우선법
제6변화형		변궁

제4편 『악곡편』은 제례와 연례에 사용하는 악곡을 정리하였다. 제1장 총론은 조선아악과 아악부의 현 상황을 개관하였고, 제2장 조선음악

의 악적樂的특색에서는 음계, 박자, 연주형식과 같은 특징을 설명했다. 제3장 악보법에서는 율명의 기보법과 약자법, 정간보 기보법과 오선 역보법을 설명하였다. 특히 정간보 기보법은 서양음악의 분할리듬 방식을 정간보에 대입한 것으로 현행 정간 기보 방식과 흡사하다. 제4장은 제례악곡과 연례악의 선율진행도, 제5장은 제례악곡과 연례악곡의 분류이다. 선율 진행과 곡을 정리하여 표로 제시했을 뿐 설명이 거의 없다. 제6장은 제례악곡과 연례악곡의 분석이다. 제례와 연례에 사용하는 연주곡, 연주순서, 악기진설도 등을 정리하였다. 부록으로 악보를 첨부했는데, 각 곡마다 정간보와 오선보를 제시하였다. 악보는 전곡이 아닌, 한 장단 분량 정도로 간단히 소개했다.

〈표4〉 『가편』과 『악곡편』의 악보

『가편』 악보 중 〈수양산가〉		『악곡편』 악보 중 〈만년장환지곡(경풍년)〉	
		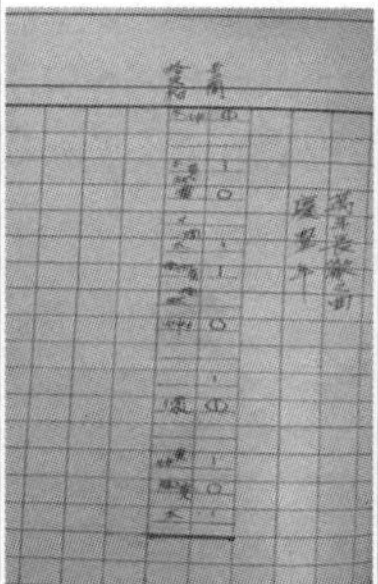	

제5장 『가편』은 이왕직아악부에서 현재 연주하고 있는 노래를 정리

하였다. 악장樂章과 가곡 · 가사 · 시조가 대상이며, 곡의 내용과 특징을 간단히 서술하고 노랫말과 악보를 수록했다. 가곡 악보는 생략했지만, 가사와 시조는 악보를 실었다. 악보 서두에 노래 부호, 장단부호, 정간 표기법, 오선식 부호 등을 기록해두어 악보를 보면 실제 연주가 가능하도록 구성하였다. 악보는 정간보와 오선보를 나란히 제시하였으며, 12가사는 한 단락 정도, 〈평시조〉 · 〈중거시조〉 · 〈지름시조〉 · 〈사설시조〉는 전곡을 악보로 만들었다. 앞서 이왕직에서 악보제작사업이 10여년이 소요되었다고 하였는데 그동안 가사와 시조의 오선보에 대한 언급이 없었다. 『가편』에 이왕직에서 제작된 가사와 시조 악보가 실려있다. 12가사의 정간보도 『삼죽금보』에 거문고보로 6곡이 전해졌을 뿐인데, 12곡의 선율이 악보로 제작된 것은 이것이 처음이다.

제6편 『무편』은 이왕직아악부에서 추는 일무와 전해져 오는 궁중정재를 정리한 것이다. 제1장 총론에서는 일무의 현황을 설명하였다. 종묘에서는 춘하추동 사계四季 대제를 경학원에서는 춘추 이계二季 대제를 지내고 있다. 일佾의 문제에 관해 자세히 설명하였다. 제2장 일무에서는 현재 쓰이고 있는 종묘 육일무, 문묘 팔일무의 동작과 절차, 순서를 설명하였다. 제3장 정재에서는 정재의 종목, 유래, 무원, 악곡을 정리하였다. 이왕직아악부에서 종종 무대에 올리는 〈처용무〉,〈춘앵전〉 등 10종은 간단한 설명과 동작 및 절차 등을 기록하였다.

4.『조선음악서』의 중요성과 운정의 역할

4.1『조선음악서』의 중요성

앞에서 살펴본 것처럼『조선음악서』는 근대 학문의 영향으로 서술한 음악예술서이다. 궁중의식과 음악을 정리한 조선의 악서『악학궤범』·『시악화성』이래, 역사, 악곡, 악기, 악률, 무용, 노래 등 궁중음악 전 분야를 저술한 것은 최초의 일이다. 편찬을 이왕직에서 주관하였기 때문에 관의 힘을 빌어 당대에 구할 수 있는 자료를 망라하고 충분히 활용했다.『조선왕조실록』및 장악원에 보관된 의궤와 악서와 아악부의 내부자료와 악보 등을 참조했다. 궁중음악연구에 서양음악과 일본음악 이론을 도입하여 해석했으며, 국문학, 민속학 등 인접 학문의 연구성과까지 두루 섭렵하고 있다. 국내외에서 발행된 문헌과 자료도 활용하는 등 당대 연구성과까지 폭넓게 활용한 저작이다.

『조선음악서』의 제1편은『조선음악사』이다. 한국에서 음악이 역사와 학문의 주인공으로 등장한 적은 없었다. 대체로 궁중음악은 의식에 포함되는 BGM이었지, 감상만을 위한 경우가 드물었고, 음악인은 가장 낮은 신분에 처해있었다. '음악사' 는 근대학문 활동의 일환으로 역사의 주인공이 된 것이다. 한국에서 '음악사'는 타 분야에 비해 늦게 만들어졌다.

처음 만들어진 한국음악사는 한국인에 의해 작성되지 않았다. 1913년에 프랑스인 모리스 쿠랑(Maurice Courant, 1865-1935)의「Bibliographie

Coréenne」와 일본인 가네쓰네 기요스케兼常清佐의 『日本の音樂』「朝鮮の音樂」이 있었다. 쿠랑은 백과사전 항목을 집필하면서 한국음악을 음악사적으로 다루었고, 가네쓰네는 '일본음악의 하부 항목으로 조선음악'을 다루고 있다. 정식으로 편찬된 '한국음악사'는 아니지만, 역사의 흐름 속에 한국음악을 다루고 있다는 점에서 이때 처음 만들어진 것으로 여겨진다.

이후 안확이 이왕직에서 집필했던 원고를 1930-31년 『조선朝鮮』잡지에 투고하여「朝鮮音樂의 硏究」(1-7)와「朝鮮音樂史」를 발표하였다. 안확은 『조선음악의 연구』에서 악기편, 가법편, 무용편, 악률편, 배우편, 잡고편으로 분야별 약사를 다루었고,「朝鮮音樂史」[36]에서는 세계와 조선음악의 관계와 악곡의 약사를 간단하게 언급했다. 각각의 저술이 체계적으로 연관되어있지 않고 분야별 유래와 역사를 소개하고 있다. 음악사라 하기엔 모자란 점이 있지만, 한국을 중심으로 역사적인 흐름을 파악하려 했다.

운정의 『조선음악사』는 한 권에 고대부터 현대까지 시기 구분하고 항목을 나누어 체계적으로 서술하여 '한국음악사'라 할만하다. 운정의 『조선음악사』에도 한계는 존재한다. 고찰보다는 사료 중심의 나열이 많고, 특정 사항에 대해서는 과도하게 자세한 설명을 하여 시기별 분량 불균형이 심하다. 전체 468쪽 중 조선은 55쪽, 현대는 5쪽에 불과하여 조선과 현대 시기에 대한 언급이 소략하다. 하지만 각 분야와 시기별로 연구가 진행되어있지 않은 당시 상황에서 이러한 내용의 한계는 이해할 수 있다.

『조선음악서』 제3편 『음률론』은 이왕직아악부의 음악이 음악내적으로 얼마나 많은 변화를 보여주었는지 말해주고 있다. 개항이후 대한제국을 거치면서 서양음악이 궁중에 도입되었고 일제강점기 이왕직에서도 서양음악이 사용되었다. 변화의 흐름을 막을 수 없었기 때문이다. 이 변화를 자발적 의지인지 강요에 의한 왜곡인지 구분하기 매우 어렵다. 그런데 『음률론』에서는 이왕직아악부 음악의 음률론을 정리하여 서술하였다. 서양음악 이론으로 설명하고 있지만, 실제로는 일본에서 정리된 이론이 도입된 것으로 보아야 한다.

기본음인 황종 음고는 역대 장악원에서도 중요하게 여겼다. 이때 황종을 서양음악의 C로 정하였고, 이 음고로 악기를 조율하였다. 이렇게 조율된 악기 중 소화昭和 편종, 소화편경이 현재 국립국악원에 남아있다. 종 · 경의 음고가 바뀌었다는 것은 궁중악기 전체 조율체계가 달라졌다는 것이다. 기존 전통 궁중음악을 연주하기에 불편함이 없었을 악기들을 새로 조율하여 새로운 음악(예를 들어 일본국가인 〈기미가요〉나 〈우미유카바〉)을 연주하기에 적합했을 것으로 추정한다.

음계에 대한 변화는 앞서 〈표3〉음계조별대조표에 제시했다. 이 7종의 음계는 당시 이왕직아악부에서 실제 사용하고 있던 것을 『음률론』에서 공식화하여 정리한 것이다.[37] 이 편의 내용은 운정 개인의 연구 성과라기보다는 기존의 연구 성과를 정리한 것이다. 이왕직아악부에서 사용하고 있던 '만들어진 음계'는 1931년 『제4회 아악생교과철』, 1941년 『제6회 아악생교과철』과 같은 학생교육용 교재, 이왕직 공식편찬 악보에서 사용하고 있었다. 실제로 〈종묘제례악〉 중 〈희문〉을 제3평조, 〈소무〉를 제2계면조로 표기하였다. 친일음악인 〈황화만년지곡〉을 제3평조로 작곡했다는 기록도 남아 있다. 함화진 · 장사훈 · 김기수 등 이왕직아악부 출신 음악인의 음계 관련 문헌에 '만들어진 음계'의 영향이 남아있다. 이런 점에서 이왕직아악부 음악의 음고와 음계 등에 큰 변화가 일어났음을 『음률론』을 통해 파악할 수 있다.

익히 알고 있는 부분이지만 일제강점기 이왕직에 민간음악인 정악 계통의 음악이 들어와서 궁중음악화되었다. 아악이라는 용어 속에 정악이 포함되어 궁중음악의 범주가 확장되었는데, 『조선음악서』에서 이러한 사항이 포함되어 있다. 음악이론과 악보까지 수록한 점을 보면, 이는 향후 아악이라는 이름으로 지속적으로 사용할 계획이었음을 알 수 있다.

『조선음악서』는 근대학문의 사유 방식으로 1930년대 이왕직의 궁중음악을 체계화하여 서술한 것이다. 따라서 일제강점 이후 궁중음악 관련 문헌, 악보, 음률, 음고, 악기, 음악이 변화하는 모습을 파악할 수 있다. 지금은 사라지거나 바뀌어 알 수 없는 내용이 포함되었고, 악보와 기록에서 유일한 음악사적 내용까지 포함하고 있다. 일제강점기 식민권력 하에 작성되었다는 한계가 분명하지만, 오히려 『조선음악서』를 통해 식민지시기 궁중음악의 왜곡 및 변천과 현대로 이행되는 과정을 이해하는데 중요한 자료로 활용될 수 있을 것이다.

4.2 악서편찬에서 운정의 역할

『조선음악서』는 책의 존재도 최근에야 알려졌을 만큼 편찬 관련 자료가 매우 드물다. 그리고 이 책의 편자 운정에 대해서도 알려진 바가 없었다. 이왕직에서 10여 년간 근무했지만, 전사보겸속 업무 관련 기록 이외에 서류 기록이 없다. 이왕직 소속 인물의 경우 흔적이 남아있기 마련이고 회고록 등에 이름이라도 언급되곤 하는데 그런 기록도 매우 적다. 기록과 행적을 살펴보면 운정은 승진도 없었고 활약도 없었고, 이 경력을 기회로 삼아 무언가 하려던 사환욕仕宦欲을 발휘하지도 않았다. 이왕직에서 맡은 일은 했지만, 적극적으로 주도하지 않았던 것으로 보인다.

현재 이왕직에서 편찬한 운정의 편저는 2종이 남아있다. 『조선음악서』 외에 『이왕가고전 조선무악』이라는 작은 영화해설 책자가 있다.[38]

이 책에도 편저자가 밝혀져 있지 않다. 『조선음악서』 편찬에 아악사장을 비롯해 사보 및 역보에 참여한 인원이 많았을 것으로 보이는데, 그 성과에 대해 침묵했다. 또 국립국악원에서는 운정에 대해, "경성제대 사학과 출신으로 『한국음악사』를 남겼다고 하는데, 안타깝게도 국립국악원에는 전해지지 않는다. 오늘날 아악부와 성낙서의 인연을 더듬어 볼 수 있는 유일한 자료는 아악부의 춤을 영화로 찍을 때 거기에 수반되는 해설서 『조선고전무악』 책자한권 뿐이다"라고 할 만큼 아무런 흔적이 남아있지 않은 것이다. 그럼에도 이 책의 향방을 알고 있던 장사훈, 김기수는 『조선음악사』만을 필사하여 소장하고 있었다.

『조선음악서』는 동서양의 문헌을 사용하였다. 악기나 악곡을 최대한 자료를 수집하여 빠짐없이 서술하는 것이었다면, 악률론 같은 것은 중국의 악률론, 악학궤범의 악률론 및 궁내성 악률이론을 이해하여 조선음악에 대입하는 등 당시 이왕직아악부의 음악을 이해하여 작성한 것으로 보인다. 일본 및 서양음악 문헌 등을 활용한 학문적 성취를 가진 사람이 필요했고 그 역할을 운정이 담당한 것이다.

『조선음악서』에서는 궁중음악의 변화와 왜곡의 양상을 볼 수 있다. 그런데 『조선음악서』는 왜곡이 목적이라기보다 이미 변화와 왜곡된 이왕직아악부의 현 상황을 체계적으로 정리하고 있다. 방대한 분량을 한 명의 연구자가 체계적으로 정리하여 이론화 하는 것은 엄청난 노고를 필요로 한다. 운정이 이왕직에 들어갔을 때 이미 고종실록 순종실록 편찬과 악서 편찬 사업이 진행되고 있었다. 실무 책임자로 경성제대 오다쇼코 교수와 『조선음악서』 편찬에 중추원 조사과에 있던 조범하가 채용될 만큼 관권이 총동원되었던 일이다. 촉탁 신분이라 자유로웠던 안확과 달리 이왕직 소속 직원 신분의 운정은 궁내성과 이왕직 및 아악부에서 원하는 방향으로 집필했던 것으로 보인다.

5. 결론

대한제국 말에 태어나 한학을 공부하고, 일제하 신식교육과 대학교육을 받은 운정은 1930년부터 사회활동을 시작했다. 첫 직장인 이왕직에서 전사보겸속이라는 직책을 맡아보았다. 이왕직은 이왕가 관련 가무(家務)를 담당하고 있지만, 일본 궁내성 산하 조직으로서 일본 식민권력의 관련 업무도 수행해야 했다. 따라서 미관말직이지만 이왕직에 근무했다는 사실만으로도 운정에 대해 부정적인 평가가 있을 수도 있다.

『조선음악서』는 방대한 분량으로 근대학문체계로 작성된 음악예술서이다. 겹겹이 쌓인 식민권력 기관 속에서 한 명의 젊은 사학자가 완성하기에 어려움이 있었을 것이다. 여러 도움과 간섭이 있었을 터이지만 완성을 하였고, 운정은 이왕직을 떠났다.

운정이 어떠한 생각으로 이 책을 편찬했을지 알 수 없다. 그리고 당시 이왕직아악부 직원 대부분은 변화된 것을 파악하지 못했을 것이다. 병탄 이후 20여 년간 변화와 왜곡이 진행된 상태의 아악부에 들어왔기 때문에 이것을 전통으로 여기고 받아들였을 것이다. 지금 보니 역사 왜곡이 보이고, 이를 분별할 수 있게 되었다. 그동안 이것을 바로잡는데 많은 시간이 들었고 이미 지나간 변화의 흐름은 아직도 국악계에 상당히 남아 있다. 관권을 동원해 편찬되었지만, 사실에 기반한 자료를 제공하여 운정의 『조선음악서』는 일제강점기 일본의 영향을 바로잡는데 기초자료를 제공될 수 있을 것이다. 운정은 이왕직을 떠난 이후 음악과 관련된 분야에 일절 관여치 않았다. 운정이 지키고자 했던 신념의 표현이었다고 여겨진다.

성균관 추기(秋期) 석전(釋奠) 기념 촬영,
앞줄 오른쪽에서 다섯 번째가 운정 선생 (1974년 9월 23일)

운정 성락서의 유가유신론

이향배

1. 들어가는 말

광복 이후 한국 유교는 시대변화에 따라 성장하지 못하고 쇠퇴의 길을 걸어왔다. 이는 한국사회가 민주주의에 기반한 정치제도의 변화, 학교제도의 변화, 산업화로 인한 경제구조의 변화 등 모든 방면에서 극변하고 있었지만 선비들은 시대조류에 적응하지 못하여 사회적으로 외면을 당했기 때문이다. 사람들은 전통적인 의례와 생활문화를 거부하고 서구화되면서 대가족 중심의 전통 가족문화가 해체되고 있었다. 그러나 유림들은 시대변화에 따른 새로운 유교 논리를 개발하거나 사회적 요구에 부응하지 못하였다.

유림들은 둔세적 처세로 일관하고 기존의 유교사상을 묵수하며 전통문화를 고수하는데 온 힘을 기울였다. 둔세적이고 보수적인 유림의 행보로 인해 한국이 산업화를 거쳐 민주사회로 나가는데 유교의 역할은 거의 미미하였다. 이러한 유림의 태도를 비판하고 시대변화에 부응하고자 유림의 혁신을 주장한 사람이 바로 운정 성락서이다. 그는 우리나라가 근대에서 현대로 이행하는 과정에서 유학의 역할을 강조한 사상가이며 정치가이자 학자이다. 1925년에 경성제일고등보통학교를 졸업한 그는 경성제국대학에 입학하여 법문학부 조선사학과에서 공부한 엘리트였다. 그는 부친의 명으로 독립군에게 군자금을 전달하기도 하였고 李王職에 근무하여 『조선음악사』를 저술하기도 하였다. 1952년에 충남지사로서 충남대학교를 설립하고 총장서리를 겸하였으며 성균관이사장 성균관 관장을 역임하여 6년간 유림의 대표로서 활동하기도 하였다.

성락서는 성균관 관장으로서 현대학문과 유교 지식을 겸비한 엘리트 학자로서 유교의 현대화에 앞장섰다. 1960년대에 들어 5.16을 통해 정권을 잡은 박정희는 경제개발 5개년 계획을 추진하고 새마을 운동을 벌였다. 국가는 조국의 근대화를 위해 경제개발에 총력을 기울였지만 사회는 부정부패와 황금만능주가 팽배하는 등 부작용도 발생하였다. 또한 세계는 냉전시대에서 벗어나서 자국 이익을 극대화하던 시기였다. 국가가 지속적으로 성장하고 안보를 확보할 수 있는 방안을 성락서는 도덕윤리의 주체적 확립에서 찾았다. 이는 전적으로 유림이 담당할 몫이라고 생각하였다.

유교의 현대화에 대한 노력은 현대유학사에서 대단히 중요한 일이다. 일제강점기 이후로 둔세적 태도로 일관해 온 유림사회에 대해서 그 누구도 비판하지 않았다. 그러나 성락서는 유림사회에 대해 정면으로 비판을 하고 혁신을 요구하였다. 그는 세계의 흐름과 사회구조의 변화에 따라 대응할 수 있는 논리를 유학에서 찾았으며 유림의 역할론을 제기하였다. 세상을 등진 유림들에게 그는 보수적인 태도에서 벗어나 적극적으로 정치 및 사회활동을 해야 한다는 논리를 폈다. 그의 주장은 유가유신론으로 집약할 수 있다.

성락서의 유가유신론은 유림들이 자기 쇄신을 통해 시대의 요구에 대응하고 역할을 확립하려는 이론이다. 이는 민주주의와 산업화로 대변화된 현대사회에 유학의 역할 정립을 통해 부응하려는 자구책이다. 이는 유학의 현대화를 위한 노력 중 하나라 할 수 있다. 이 이론은 유학의 특징 중에 현대사회에 필요한 요소를 되살려 선진국가로 진입하기 위한 국가발전의 동력으로 활용하려는 목적이 담겨있다. 그의 사상은 『안엽기』에 수록되어 있다.

따라서 본 고는 『안엽기』를 중심으로 성락서가 제기한 유가유신론의 실제를 분석하고 그 의미와 가치를 살펴보고자 한다. 성락서의 리더십에 대한 연구는 최근에 이정우[1]와 이종성[2]에 의해 이루어졌다.

2. 성락서의 학문과 시대인식

성락서는 공주에서 태어나 어려서부터 가정에서 한학을 접하였다. 그의 집안은 완고한 유교가정이었다. 가정에서 경전을 배운 성락서는 유교사상에 익숙하였다. 그는 수신제가치국평천하라는 공자의 가르침에 따라 세상을 살려고 노력했다[3]고 술회했다. 성락서는 四書를 독파했을 때 성현들의 언행과 그 속에 담겨진 '意志'를 이해하기 위해서 며칠간 생각에 잠긴 일이 있었다. 그 결과 성락서는 성현의 학문이 '誠'이라는 한 글자에 있음을 깨달았다. 효제충신도 誠을 통해 달성할 수 있으며, 삼강오륜이나 기타 모든 일이 '誠' 한 글자로써 궁극의 목표에 도달할 수 있다고 믿었다. 그래서 그는 평생 '誠' 한 글자를 행동의 표준으로 삼았다.[4]

그는 매죽헌 성삼문의 후손이며 삼학사 중 한 분인 윤집의 외손이다. 그래서 대의명분을 지키는 것이 가문의 전통이었다. 그의 부친은 광복군과 만주 군관학교에 거금의 독립자금을 제공했으며, 성락서도 어려서 이건복 선생에게 애국충정의 교육을 받았다. 그가 직접 독립운동에 투신한 것은 아니었지만 일제에 대한 내면적 저항정신을 가지고 있었다. 이화여자전문학교에서 역사를 담당할 때 한국역사를 강의하면서 일어가 아닌 한국어로 가르쳤다. 이 사실이 총독부에 알려지자 그는 7년간 교수직을 사임하였다.[5]

일제강점기 때 이왕직에 근무한 이력이 있는 성락서는 일제의 속셈에 대해 누구보다도 잘 알았다. 1966년 대전일보에 실린 대담은 일제강점기에 대한 그의 시대 인식을 엿볼 수 있다. 그는 일본의 국민성에 대해 장점이 있지만 일본 사람들은 지독하고 잔인한 사람이라고 규정하였다. 일본 국민의 장점도 자기 자신들만 위한 것이라고 지적하여 인류의 보편성이 부족한 면을 시사하였다. 일제는 한국민을 위해 헌신하고 올바른 정치를 한다고 외쳤지만 결국 자신들이 잘살기 위한 정책에 불과하다고 비판했다. 그 증거 중 하나가 한반도에 전문학교 이상의 학교를 세우지 않은 점을 들었다. 이는 한국인을 미개인으로 만들려는 속셈이었다고 말했다. 경성제국을 세운 이유도 3.1운동 이후에 민간인들이 대학을 설립하기 위하여 전국적으로 운동이 일어났는데 뜻있는 국민들이 돈을 모아 학교를 세우려고 했다. 그러자 총독부는 당황하여 이를 저지하기 위한 수단으로 경성제대를 세웠다고 증언했다.[6] 이러한 일제에 대한 경험은 그의 자주 자립에 대한 확고한 신념을 형성하는데 영향을 끼쳤다.

또한 그는 정의의 실현에 대한 선비적인 사고가 있었다. 이는 학생운동에 대한 그의 언급에서 짐작할 수 있다. 그는 일제 치하에서의 학생운동과 60년대의 학생운동을 비교하였다. 일제 치하에서는 국민들이 먹고살기 바빠서 학생들이 국가독립의 중추적인 역할을 맡았기 때문에 국민들도 신뢰했다. 6.10만세운동이나 광주학운동이 4.19운동과 의의는 다르지만 정의를 위한 굽힐 줄 모르는 정신이 4.19까지 계승되었다고 정의하였다.[7] 학생운동에 대해 성락서는 시대의 요구에 적극적으로 참여하여 정의를 실현하려는 선비의 관점에서 해석함을 엿볼 수 있다.

한편 한일관계의 정상화에 대해서 성락서는 일본의 공업이 발달하여 교류하기 위한 것이라고 분석하였다. 일본이 북괴의 입국을 허용하고 월맹에 군수 물자를 수출하는 것에 대해서도 그는 경제전쟁에서 이기기 위한 수단으로 해석하였다. 정치와 경제를 분리하는 정책 속에서 나온 행위로 간주하였다.[8]

한편, 2차 대전 이후에 세계는 미국을 중심으로 한 자유 민주주의 국가와 소련을 중심으로 한 공산주의 국가 간에 총성없는 전쟁이 시작되었다. 서독·영국·프랑스 등은 미국과 동맹을 맺고 군사력으로 소련의 팽창을 저지하였고 동유럽 국가들은 소련의 영향 하에 놓여있었고 중국이 공산국가로 전환되었다. 이 두 체제는 군비확장을 통해 대립하였지만 무력을 통한 직접적인 충돌은 일어나지 않았다. 세계는 냉전의 시대였다.

이러한 냉전 질서는 1960년대에 들어 변화하기 시작하였다. 성락서는 냉전 질서가 변하는 세계의 움직임에 대해 주시하고 있었다. 소련은 체제가 다르더라도 평화공존이 가능하다고 주장해왔다. 소련의 공산당 서기장 브레즈네프가 아세아의 모든 국가들과 예외없이 친선우호와 협조를 모색한다고 선언하였다. 이 선언을 들은 성락서는 동남아 국가뿐만 아니라 남북한에 대한 소련의 정책변화의 가능성에 대해 예측하였다. 이는 남한의 안보와 직결되는 문제였다.

성락서는 소련의 평화공존 주장에 대해서 반신반의하였다. 그것은 체코슬로바키아의 드부체크 首相이 자유화를 추진할 때 소련이 탱크를 동원하여 탄압하였고 소련이 세계를 공산화하겠다는 최종 목표를 지금까지 변경한 한 사실이 없었기 때문이었다. 그래서 성락서는 소련이 대외적으로 긴장을 완화하고 대내적으로 군사력을 증강시키는 전략을 교묘하게 활용하여 국제관계에서 우위를 점하면서 목표달성을 추구하는 사실을 항상 생각하면서 사태를 비판해야 한다고 설파했다. 그는 소련의 평화공존 정책이 사회주의 경제 체제하에서 고생하고 있는 인민들의 생활 향상을 도모한다는 미명아래 미국 일본의 자본과 기술을 도입하기 위한 수단이라고 간파하였다.

그렇지만 성락서는 소련의 평화공존론으로 인해 당장은 전쟁이 없고 국제간에도 긴장이 완화될 것으로 판단하였다. 소련에서 평화공존론이 나오기 이전에 미국의 닉슨 대통령은 세계의 평화구조식을 주장하였고 중공의 주은래는 평화공존 5원칙을 내세우고 있었기 때문이었다. 세계적으로 냉전체계가 해체되는 변화를 보고 성락서는 평화와 긴장 완화가 세계의 주요 이슈라고 파악하였다. 세계가 평화를 추구하고 긴장완화를 추구하는 방향으로 가기 때문에 성락서는 당분간 남북 간에 전쟁을 피할 수 있다고 예측하였다. 이처럼 성락서는 세계의 흐름이 한반도에 영향을 미치는 문제에 대해 생각하였다.

70년대에 들어서 세계가 냉전 시대에서 벗어나 정치적 다원 체제로 변화하였다. 성락서는 미국과 소련의 군사적 양극체제에서 닉슨 독트린의 전개를 고비로 미국·소련·중공의 정치적 다원 체제로 변화함을 예상하였다. 소련은 동유럽 공산국가의 결속문제에 치중하고 있었고 미국은 세계의 패권을 지배하는 역할에서 실리를 추구하는 외교정책으로 변화하고 있었다. 이런 시기에 중공과 일본이 부상하자 아시아의 세력 판도는 미국·일본·중공의 각축장이 되었다.

특히 중공의 대두가 동아시아의 안보에 미칠 영향에 대해 성락서는 깊이 생각하였다. 중공의 부상은 아시아 전체 약소국들에게 위협적으로 다가왔다. 태국·인도·말레아시아·싱가폴·필리핀 등은 '평화와 중립'을 선언하며 강대국의 내정간섭을 거부하는 공동결의를 선언하였다. 필리핀은 중공을 포함하여 아시아 확대 정상회담을 제의하였고 일본은 무력을 행사하지 않겠다고 선언하도록 제기하기도 했다. 서울에서 개최되는 아스팍 즉 동아시아태평양협의회에 동남아시아 국가들이 참가하지 않을 움직임도 나타났다. 동남아 국가들이 중립을 선언하면서 중공에 추파를 던지고 있었다. 이처럼 약소국들의 동태 변화를 보고 성락서는 새로운 차원에서 우방국들과 유대를 강화하기 위하여 아스팍의 정치적 성격을 변모하여 문화교류 상호 통상기구로 조직변경을 시도하였다. 미국을 등에 업고 있던 나라들이 정치·경제적으로 대응하기 위하여 적대국들과 화해를 모색하면서까지 자주와 자립의 견지에서 자국의 이익과 안전을 위해 통상 중립의 길을 가는 세계정세 속에서 한반도가 나가야 할 방향에 대해 고민했다.[9]

한편 우리나라는 6.25동란을 겪고 4.19혁명과 5.16을 거치면서 많은 어려움을 극복해왔다. 혁명을 통해 집권한 박정희는 경제개발 5개년 계획을 성공적으로 추진하여 가난에서 벗어나 경제적으로 자립할 수 있는 기반을 다지고 있었다. 이러한 국내외의 변동 속에서 1970년도에 성락서는 유림들의 동참을 적극적으로 독려하기 위하여 유가유신론을 주창하였다.[10] 그 후 1972년 박정희는 維新체제를 수립하였다. 성락서는 박정희의 유신체제에 대한 반발보다 국가의 미래에 대한 원대한 생각 속에서 어떻게 국가를 유신할 것인가에 대해 고민하였다.

아시아의 판도가 변화함에 따라 우리나라의 외교통상 및 안보는 미국·일본·중국 사이에서 복잡해지는 양상을 띠었다. 성락서는 안보면에서 북한이 도발할 경우 미국과 소련이 자신들의 정책을 포기하면서까지 직접 개입할 가능성이 희박해졌다고 판단하였다. 이러한 국제정세의 변화 속에서 그가 제시한 남한의 대책은 군장비의 현대화를 통해 무력 침공을 막고 경제개발과 국력배양을 통해 북한 군민의 귀순의욕을 조장하는 일이었다. 또한 그는 세계의 흐름에 맞춰 새로운 국책으로 경륜이 필요한 시기라고 역설하였다. 국가를 새롭게 경영하기 위해서는 정부와 국민의 새로운 정신 자세가 필요하였다. 국민의 정신문화를 일신하는 책임은 윤리에 밝은 유림들에게 있었다. 성락서가 유림들에게 새로운 각오와 지도체제를 절실하게 요구한 이유이다.

3. 유교의 현대화 논리

3.1 유가유신론의 제창

성락서는 문명적 관점에서 유가의 혁신을 주창하였다. 유학이 우리나라에 전해온 것은 오래되었다. 유도가 실천도덕이므로 우리나라 본래의 풍속과 잘 결합이 될 수 있었다. 그래서 유도가 우리 민족의 습성이 되었고 제도가 되어 조선조 500년간 정치수단이 되었다. 이는 유도가 수신제가치국평천하로 구성되어 있어 학문적 성향이 정치와 밀접하기 때문이었다. 이러한 유학을 공부하고 실천하는 유가들에 대해서 성락서는 시대변화에 따라 유신을 주창하였다.

광복 후에 조국 근대화가 한창 진행되는 시기를 맞이하여 유도로 세상을 통치하던 시대는 이미 지나갔다. 조선이 망하고 일제강점기를 거쳐 광복을 맞이한 한국 사회는 경제개발을 통해 산업화 사회로 진입하였다. 그 과정에서 유도가 점차 퇴락하였지만 조국의 근대화에 쓸모없는 것은 아니었다. 성락서는 과거를 통해 정계에 진출하려고 유가경전을 공부하던 일이 지난 역사에 불과하지만 아직도 修道의 정신이 우리 혈맥 속에 면면히 흐른다고 하였다. 유학이 우리 사회에 굳건하게 정신문화로 자리잡고 있음을 강조한 말이다. 성락서는 온고지신의 차원에서 유학을 접근하고 시대에 필요한 요소를 국가사회에 접맥하려고 하였다. 새로운 시대를 맞이하여 유학도 새로운 노선을 가야 한다는 생각이었다. 이는 성락서의 강한 자립정신과 주체의식이 근저에 있다.

그는 자기의 본령, 우리 민족정신을 바탕으로 하고 문물의 제도, 기구와 수단 방법은 최첨단을 추구했다. 어쩌면 구한말 개화파들이 주장한 東道西器가 변용된 현대판 논리라고 할 수 있다. 산업화 사회로 진입하여 국가가 더욱 발전하고 세계와 경쟁하려면 국민들의 주체적 윤리의식과 사고가 중요했기 때문이었다.[11]

사실 70년대까지만 해도 유림들은 여전히 전통적인 사고에서 벗어나지 못하였다. 성락서는 유림의 보수성에 비판을 가하였다. 그는『효경』의 논리를 들어 당시 유림들의 소극적인 행보를 비판하였다. "몸과 터럭 피부는 부모에게 받아서 훼손하지 않는 것이 효도의 시작이다[身體髮膚, 受之父母, 不敢毁傷, 孝之始也]"라는 구절 때문에 유림들이 머리를 기르고 상투를 틀지만 "몸을 세워 도를 행하여 후세에 이름을 드날려 부모를 드러내는 것이 효의 마침이다.[立身行道, 揚名於後世, 以顯父母, 孝之終也]"라는 구절에는 부응하지 못한다는 것이다. 이는 작은 효에 집착하고 大孝를 생각하지 못하는 유림들의 둔세적이며 보수적인 성향을 비판한 말이다. 시대는 세계화가 진행되고 있는데 유림들은 여전히 옛 의관을 그대로 지키고 있었다. 그는 이런 차림으로 대중들에게 자기의 정책이나 소신을 갈파해도 영향을 줄 수 없다는 것이다. 또한 이런 복장으로 국제 여행도 하지 못하고 국제회의에 나가서 미국·영국 등과 연횡하여 소련 공산당을 타도할 기백이 나오겠느냐고 반문하였다. 유림들에게 보수 성향을 탈피하여 시대 흐름에 맞는 변화를 요구한 것이다.[12]

이러한 성락서의 비판은 유림들의 사회참여를 적극적으로 독려하기 위한 일이었다. 그는 일제강점기 일본에게 저항하기 위하여 保殘守潔의 想念아래 옛것을 지키려는 고질적인 누습을 이제는 버려야 한다고 주장했다. 유림들이 三綱五倫이 땅에 떨어졌다고 세상을 비판하지만 성락서는 오히려 유림들에게 책무의식을 강조했다. 모든 일은 남이 해주는 것이 아니라 자기가 해야 한다는 것이다. 三綱五倫이 땅에 떨어지게 된 것은 유림의 책임으로 알고 모두가 몸과 마음을 다 바쳐 세상을 바로잡는 것이 정신문화 향상의 담당자로서 사림의 나아갈 길이라고 하였다.[13]

유림들의 姑息적인 사고방식에 대해서도 성락서는 가차없이 비판하였다. 필요에 따라서는 상전벽해식으로 사고방식도 변화해야 한다고 주장했다. 그는 유림사회에 대대적으로 사상적 변혁을 요구하였다. 당시 국가는 피폐된 국민경제를 재건하려고 경제개발 5개년 계획을 추진하는 상황이었다. 국민의 총화가 필요했던 시기에 성락서는 유림들도 적극적으로 동참해야 한다고 생각했다. 과학기술은 과학기술자에게 맡기고 유림들에게는 자율자주의 정신으로 세계에서 새로운 지식을 구하여 국가발전에 공헌하기를 바랬다. 유림의 책임은 眞正하고 실질적인 면에서 삼강오륜을 바로 세우고 정신 자세를 바로잡는 일에 있었다.[14]

한편으로 성락서는 유림들이 사대주의적 사고에서 벗어나야 한다고 하였다. 공자가 중국에서 태어나고 유도가 중국에서 전래되었기 때문에 조상들이 유도를 숭상한 나머지 우리 전통 풍물보다 중국 것을 더 좋아하였다. 우리 국토보다 중국을 대국으로 우러러볼 뿐만 아니라 심지어는 우리나라 연호보다 중국 연호를 선호하여 국가의 위엄을 손상시켰다. 그는 국가가 독립하고 경제개발로 중진국에 들어서는 상황에서 유림들이 사대주의 구각에서 벗어나고 현실에 참여하여 정신문화 향상의 책임자로서 민족주의 의식 앙양에 총력을 기울여 주기를 바랬다.[15]

또한 성락서는 문화상대주의 관점에서 신판 현대식 사대주의 사상도 경계하였다. 이는 광복 이후에 우리나라에 불어 닥친 서구의 자유와 민주 사상에 대한 맹목적인 추종을 말한다. 자유와 민주 사상이 현대 인류의 최고의 사조이며 최선의 제도라는 점은 성락서도 인정했다. 그렇지만 그는 우리나라의 전통과 역사상 경험이 없기 때문에 자칫 주체성 없이 그것을 맹신하면 방종으로 흐를 수 있다고 경계하였다. 방종의 폐해는 우리의 윤리도덕을 쉽게 무력화시킬 수도 있기 때문이었다. 그래서 성락서는 민족마다 특수성이 있고 문화도 그 민족만의 속성이 있다면서 문화상대주의 관점에서 주체적인 수용을 지향했다. 서구문물은 저속한 생활형태도 고도의 선진문화로 보고 고도의 우리 전통문화는 낙후된 것으로 여기는 자기비하의 태도에 대해서도 비판하였다.[16]

과거에는 중화사상에 젖어 있었지만 현대의 청년들이 외국인을 우선시하고 서양풍조를 따르면서 외국에 유학가서 돌아오지 않는다면 나라를 위태롭게 만드는 현대판 문화사대주의라고 배척하였다.[17] 성락서는 민족중흥의 새로운 역사를 창조하기 위해서 경제건설의 결과 사회가 많은 발전을 이루었다고 평가하면서도 인간은 물질로만 사는 것이 아니므로 유물적 소득증대만 새 나라를 건설하는데 영예를 가져오는 것이 아니라 국민으로서의 자부심과 긍지, 희망이 있어야 한다고 설파하였다. 이는 우리민족 스스로 주체적 자각에 의해 새로운 미래 문화를 창조해 나가야 한다는 사고가 근저에 있다.

국민으로서 자부심과 희망이 있는 도덕사회의 구축이 진정으로 국가의 미래발전을 위해 필요했다. 도덕사회의 확립은 국가발전을 원하는 양식있는 사람들의 가장 절실한 시대적 요청이었다. 그래서 그는 물적 개발과 병행하여 정신 개발운동이 진전되기를 바랬다. 민족 중흥의 실현은 정신적·도덕적 주축이 확고하게 세워진 이후에 가능한 일이기 때문이었다. 성락서는 국민들의 정신적·도덕적 주축을 확고하게 세우는 책임을 유림들이 담당하도록 하였다.

성락서는 민족의 내일을 위한 운동으로서 국민윤리를 재교육하는데 유림들의 리더십과 감화력이 무엇보다 필요하다고 주장하였다. 유림들이 올바른 법도를 지켜 대중들의 모범이 된다면 그것이 교화력으로 나타나고 도의적으로 국민들에게 생활의 기준이 되기 때문이었다. 이런 이유로 성락서는 유림사회에 시대에 맞는 도의의 기본자세를 확립하여 사회의 본보기가 되라고 갈파했다.

이처럼 성락서가 주창한 유가유신론은 유림의 시대적 사명에 부응하기 위한 이론이었다. 이는 시대의 조류에 부응하지 못하고 둔세적 태도를 띠는 유림들에게 도의의 선양과 새로운 역사를 창조하는데 밑받침이 되어야 하며 퇴폐풍조를 과감하게 타파하고 새로운 인간 가치와 도덕의 확립에 앞장서라는 사명을 부여한 것이다. 그래서 유림들에게 완고와 누습을 버리고 儒道現實化의 정신을 강조한 성락서는 이것이 儒家維新論의 本領인 同時에 우리民族이 지녀야 할 人間像이라고 하였다.

3.2 儒道는 사회 정치의 길

성락서는 성균관 관장을 세 번 역임하였다. 유림의 시대적 책무를 강조한 그는 성균관 조직의 정체성부터 개념을 정의하였다. 일반 인사들이 성균관, 성균관財團卽財團法人, 儒道會 등의 단체에 대해 혼동하거나 오인하는 사례가 많다며 역할을 정하였다. 재단법인 성균관은 유림사업을 추진하거나 유림 운동을 전개하는 중심기구이며 성균관은 전국의 조직망을 통하여 중추적인 역할을 담당하는 세력단체이며 유도회는 현행 종관이나 직제상으로 명문 규정이 없지만 유림 사회의 전체적이며 범 유림적 운동을 전개할 수 있는 단체라고 하였다. 이러한 역할 규정은 유림의 변화를 촉구하기 위한 것이었다.

그는 세상이 변화하고 나라는 고속성장하고 있는 상황에서 유림만 옛것을 지키고 세상을 외면한 채 답보상태에 있어서 되겠느냐고 반문하였다. 일제강점기에는 왜정에 순응하지 않기 위하여 옛것만 지키는 습성을 지금은 타파해야 한다고 주장하였다. 그는 유림사회가 자기 변혁을 통해 세상을 회피하는 태도를 버리고 시대의 사명에 적극적으로 동참해야 한다고 생각하였다.

그는 유림에 대한 사회적 인식부터 개선하려고 하였다. 늙고 병들고 고질적인 완고한 누습에 젖어 있다는 유림에 대한 사회적 인식부터 개선하려고 하였다. 이러한 그릇된 인식을 개선하기 위해서 그는 유림 스스로 반성하고 구각의 탈피를 주장했다. 또한 인의예지나 삼강오륜을 입으로 말하기 전에 진취적 기상으로 솔선수범하여 자아완성의 길을 모색하고 나아가서 철환천하의 기백을 길러야 한다고 강조했다. 시대변화에 부응하는 유림의 사회적 역할을 제시한 것이다.

성락서는 과거 유림들이 세계의 변화를 모르고 외국인을 오랑캐로 천시하며 안으로 사색당파의 정쟁만 일삼다가 나라가 망했다고 개탄하였다. 당시 세계의 변화를 관망하며 한국도 백척간두에 서 있었다. 이런 상황에서 그는 시비곡직을 따지며 정쟁만 일삼을 때가 아니고 국민이 총화를 할 때라고 비판하였다. 경제개발은 물론 농어민의 소득증대가 이루어져야 하며 공무원의 부정부패도 없애야 하지만 그것보다도 국가의 안보가 제일 중요하다고 강조했다. 유도를 수신제가치국평천하의 도라고 정의한 성락서는 국난을 당해서 국가와 민족 밖에 없다는 것이다. 국가와 민족이 위기에 놓인 이때에 國基를 안전하게 만드는 것이 유림이 나아갈 길이라고 하였다.[18]

유림이 나아갈 길에 대해서 성락서는 유학의 논리에 근거하여 설득하였다. 그는 유학에 두 측면이 있다고 분석하였다. 객관적인 측면에서 유학의 본질은 형이상적 학문과 형이하학적 실행 두 가지 길이었다. 전자는 心性理氣를 구명하려는 철학적인 측면이고 후자는 수신제가치국평천하의 도를 추구하는 실천적인 방도이다. 성락서는 유학의 실천적인

면에 주목하고 유림들의 사회 정치적 활동을 권장하였다.[19]

일찍이 그가 제창한 유가유신론은 유림이 민족문화 형성의 주역이 되어 주체 정신의 바탕 위에서 경제건설을 성공적으로 이루자는 취지였다. 이는 광복 이후에 세상의 진출에 소극적인 유림의 행보를 개선하려는 목적이었다. 성락서는 유림들에게 구태에서 벗어나 대한민국의 근대화에 적극적으로 동참할 것을 독려하였다. 그는 고려와 조선 시대 유림들의 처세를 들어 설득하였다. 고려 시대부터 선비들은 한학을 공부하고 과거에 급제하여 정치에 참여하였다. 조선조에서는 과거를 통해 인재를 선발하였으므로 선비들은 한학을 공부할 수밖에 없었다. 그래서 당시에 공부는 한학의 학습을 말하며 한학에 능통해야 과거를 통해 官界나 사회에 진출하여 명성을 떨칠 기회가 있었다. 선비들은 출세하기 위하여 한학을 통달하고 儒道의 모든 절차를 학습하였다. 선비들은 鄕校에서 정해진 과정을 이수하고 성균관에 입학하여 수신제가치국평천하의 도를 닦았다. 그리고 과거를 통해 官界에 진출하는 것이 유림들의 일반적인 행보였다. 그래서 성락서는 조선시대 정치는 과거를 통해 정계에 진출한 유자들만의 독무대였다고 설명했다.[20]

이런 상황으로 인해 성락서는 조선 500년의 정치사는 유림의 역사에 불과하다고 하였다. 그 과정에서 여러 가지 폐단도 발생하였다. 사색당파나 예론을 빙자한 사화도 그 이면에는 유림들 간에 권력을 잡으려는 수단이었다. 이처럼 유학은 사회참여 의지가 강하였고 정치의 길이었다. 경술국치를 당할 때 전국 각 지방에서 전개된 의병전쟁도 유림의 주도로 이루어진 애국사상의 발로였다.

조선의 역사를 유림의 정치사로 해석한 성락서는 유림의 사회적 활동을 권장하였다. 그는 대부분의 유림들이 광복 이후에 둔세적인 처세를 취하게 된 이유에 대해 일제강점기의 무저항 불복종 吾不關焉의 태도에서 비롯되었다고 해명하였다. 일제강점기에 세상을 외면한 채 삶을 유지해온 것이 대다수 유림들의 처세 방편이었다. 그러나 현재 상황이 변화했음에도 불구하고 유림들은 여전히 세상을 도외시하는 삶을 지속하였던 것이다.

유림들이 시대변화에 적응하지 못하고 세상에 대한 무관심한 태도로 일관해온 것은 유학이 쇠망해가는 길이었다. 이러한 유림은 세상에서 소외될 수밖에 없었다. 성락서는 세상 변화에 대해 무심한 유림들의 태도를 비판하였다. 소극적이며 관망적인 태도 심어지는 자연에 맡기는 식으로 포기 절망하는 유림들의 태도가 정치 활동이나 사회 참여를 없게 만든 원인이었다. 둔세적인 태도가 하나의 고질적인 습성이 되어 광복 이후로 산업화가 이루어지고 경제가 발전하지만 유림들은 세상을 비관할 뿐 참여 의지가 전혀 없었다. 그래서 성락서는 유림들이 주체성을 회복하여 용기와 지식을 가지고 정치적 소외감을 극복하자는 논리를 제창했다. 이러한 주장에서 한국에 만연된 병폐를 개선하고 새로운 도덕문화를 만드는데 유림을 적극적으로 참여시키려는 그의 의지를 엿볼 수 있다.

1972년 박정희는 10월 유신을 추진하고 조국근대화의 기치아래 새마을 운동을 벌였다. 성락서는 농어촌의 발전을 도모하는 새마을 운동을 중요하게 생각하였다. 그는 외적인 변화 즉 지붕을 개량하고 농로를 넓히는 등의 성과에 주목하면서도 도시에서 일어나는 현실을 지적하였다. 사회 근대화를 이루려면 도시 사람들의 게으름, 모든 직장·기업·교육기관 등 각 분야에서 벌어지는 부조리를 몰아내야 한다는 신념이 있었다. 그래서 새마을 운동을 실질적으로 전개하기 위해서는 새 생활 운동부터 전개되어야 하고 더 나가서는 새 마음 운동을 전개해야 한다고 주장했다.[21] 이런 측면에서 볼 때 유림사회에서의 새마을 운동은 예부터 있었다는 것이다. 유림들은 마음을 가다듬고 참된 생활을 꾸준히 지켜나갔기 때문이다. 그러나 유림은 생산적인 측면을 중요시하지 않았다고 지적한 그는 지금의 새마을 운동은 유림이 강조하던 향약에다 생산적인 측면을 가미시킨 것이라고 해석하였다.[22]

3.3 인간의 존엄성을 위한 윤리선언

70년대에 들어 우리나라는 산업화를 통해 경제가 급진적으로 성장했다. 성락서는 미국 소련 중공의 대외정책의 변화가 한반도에 미치는 영향을 생각하는 동시에 우리나라가 나아갈 방향에 대해 고민하였다. 냉전 체제가 해제되고 각국들은 자국의 이익을 극대화하는 방향으로 정책이 추진되고 있었다. 그렇지만 국가 안보에 대한 새로운 변수가 생겼으며 지속적인 경제발전을 위협하는 많은 병폐가 양산되기도 하였다. 국가의 안보를 확보하고 경제 성장을 지속하여 선진국에 진입하기 위해서 성락서는 주체적으로 국민윤리의식의 개선을 주장하였다.

국가가 당면한 위기를 극복하고 선진국으로 진입하기 위한 길은 윤리의 회복이었다. 성락서는 윤리를 폭넓게 적용하고 국가발전의 기초로 삼았다. 그는 윤리를 우주 자연의 법칙이자 질서로 생각하였다. 우주의 삼라만상은 모두 윤리가 엄숙하게 지켜지고 있으며 일월성신이 자전 공전하면서 조금의 오차가 없이 돌아가는 것이 천체의 윤리이며 5대양 6대주가 제자리를 지키고 일정한 간격으로 潮汐이 간만을 시현하는 것이 지구의 윤리라고 하였다. 다만 자연과 인간을 구분하여 생명없는 자연의 윤리는 법칙이며 인간의 윤리는 인륜이다. 법칙과 인륜의 차이점은 인간이 행위의 선악사정을 판정하여 도의적 성격을 결부시키는데 있다고 하였다.

성락서는 父慈子孝가 윤리의 근본이지만 인간사회에서 영위되는 모든 형태에 각각 윤리가 있다고 하였다. 그는 가정윤리에서 사회적 윤리로 확장하여 윤리의 중요성을 피력하였다. 즉 정치인이 당리당략에만 몰두하면 정치윤리에 위배되고, 정부가 부정부패로 추락하면 행정윤리에 위배되고, 언론이 정확한 보도를 하지 않으면 언론 윤리에 위배된다고 하였다. 사람들이 각자 위치에서 맡은 바 직업과 직분에 맞는 본연의 임무를 다하는 것이 윤리이다. 이 뿐만 아니라 군인은 군인 윤리, 학원은 학원윤리, 사회는 사회윤리가 있다. 각각의 정해진 질서와 양심의 발로로서 자신의 임무를 충실하게 수행하는 것이 윤리에 맞는 최선의 길이었다.

이러한 성락서의 논리는 국가발전의 성패가 각자 위치에서 윤리에 힘쓰는 국민에 달려있다는 사고에서 기인하였다. 그 논리의 근거로 윤리를 통해 국가번영으로 이어진 좋은 사례로는 서독과 프랑스를 들었으며 윤리가 부패하여 국가가 패망한 사례로는 크메르와 월남을 제시하였다. 그는 미국·소련·중공이 각자 자력정비에 힘쓰고 경제개발에 전념하는 현실을 직시하였다. 이러한 세계의 변화에 발맞추어 자국이 스스로 국민윤리 확립을 통해 자구책을 마련해야 한다고 강조하였다.

미국은 닉슨독트린으로 인해 세계에 주둔한 미군을 철수하려는 구실로 삼았다. 월남과 크메르에 대한 미국의 지원은 현상 유지책에 불과하였지만 월맹에 대한 중공의 지원은 무제한이었다. 이것이 월남과 크메르가 패망하게 된 숙명적 원인이었다. 성락서는 자구책을 마련하지도 못하고 국민윤리를 외면한 월남과 크메르의 무기력한 군대가 공산군에 궤멸될 수밖에 없다고 설명하였다. 성락서가 볼 때 국민윤리를 외면한 민족은 파국에 직면하였다.

성락서는 북한과 대치하여 남한에 주둔한 미군도 언젠가는 떠날 것이라고 단언하였다. 남북전쟁이 벌어질 경우 韓美相互防衛條約에 의거하여 美軍이 개입하게 되어 있다. 그러나 당시 공개된 루이스 · 해리스 여론조사의 美軍개입 지지가 14%, 반대가 65%인 것을 보고 성락서는 미국에 너무 의지해서는 안 된다고 경계하였다. 그는 自衛力 없으면 集團安保는 무의미하다는 박정희 대통령 견해에 동의하였다.

이런 세계의 변화기류에 대비하여 성락서는 정부가 하나의 큰 경륜을 실행해야 하며 국민도 깊이 각오하는 바가 있어야 한다고 역설하였다. 그것은 바로 윤리의 회복이었다. 국가발전의 기초로서 정치윤리, 행정윤리, 군대윤리, 언론윤리, 학원윤리, 공장윤리, 상업윤리 등의 회복이 급선무였다. 국민이 개인이 아니라 가정의 일원으로, 사회의 일원으로 국민의 일원으로서 윤리관념을 견지해야 사람들 저마다 자신의 인격을 완성하는 길로 매진할 때 국가의 모든 기구가 충실하여 부국강병의 실상이 거양될 수 있기 때문이었다.

이러한 성락서의 윤리관은 조선시대 선비들의 도학적 경세관의 변용이라 할 수 있다. 동시에 『논어』의 "君君臣臣父父子子" 논리를 현대적으로 재해석하여 그의 사회적 윤리관에 적용하였다. 냉전 체제가 해체되고 자국의 이익을 도모하는 세계의 흐름 속에서 그는 한국이 주체적으로 난국을 헤쳐나갈 근본적인 방책을 유교 논리에서 찾았다. 유학이 이러한 시대적 흐름에 부응하는 제 역할을 수행하기 위해서는 유림사회의 자기혁신이 필요하였다. 우리나라 정신문화의 주요 근간이었던 유학의 강점은 윤리였다. 성락서는 유림들에게 강점을 살려 윤리회복이라는 제 역할을 부여함으로써 국가발전에 기여하는 길을 제시하였다.

윤리회복은 산업화로 상실되어가는 인간의 존엄성을 회복하는 문화운동이었다. 성락서는 인간이 존엄하다고 천명하였다. 그는 존엄한 인류 가운데에서도 한민족에 대한 자긍심을 민족의 얼과 역사에서 찾았다. 유구한 문화민족의 상징을 빛나는 얼로 보고 5천년 동안 우리를 지켜준 활력이 우리나라 역사라고 하였다. 민족의 얼이 더욱 빛날 때 우리 문화가 인류의 철학이 되고 활력이 재창조될 때 우리 역사가 민족의 생명원이 된다고 하였다.[23] 냉전이 해체되고 자국의 이익을 추구하는 세계의 흐름 속에서 우리는 민족의 얼과 역사를 기반으로 자주적으로 새로운 문화를 창조해야 함을 강조한 말이다.

그는 인류로서의 安仁과 민족으로서의 爲己를 연결시키는 것이 우리에게 주어진 주체적 사명이라고 하였다. 성락서는 『논어』의 "仁者安仁"과 "古之學者爲己"를 차용하여 논리를 폈다. '안인'과 '위기'는 수양을 통해 인격의 완성과 연결되어 있다. 사람으로서 자신의 인격을 완성하고 한민족으로서 인격을 완성하는 최종 목표를 안인과 위기로 제시한 것이다. 이는 우리 민족의 얼과 활력을 되찾는 길이 고도의 도덕 문화에 달려있음을 천명하였다. 그래서 성락서는 世界史의 새로운 進運을 느끼며 우리 民族의 자랑스러운 傳統위에 서서 義理와 智慧로써 우리의 나가야 할 바를 밝혀 倫理의 大原으로 삼으려 한다[24]고 밝혔다.

물질문명 속에 잃어버린 인간의 존엄성을 되찾는 길은 윤리의 회복이었다. 성락서가 볼 때 모든 문명의 축적은 인간을 위해 존재하는 인본적 가치였다. 인본적 가치는 바로 윤리이다. 그가 윤리의 회복을 주장한 것은 막강한 군사력과 경제력 등으로 인해 문명의 위력이 인간의 존엄을 압도하는 물질편중의 과학주의에 경종을 울리고자 한 일이었다. 인본적 윤리가 물질편중의 과학주의를 벗어나서 올바른 과학의 진로를 밝혀줄 수 있는 유일한 길이었다.

성락서는 유가의 중요한 개념을 윤리의 관점에서 재해석하여 새롭게 논리적으로 설명하였다. 성락서는 인본적 가치를 실천하는 주체를 개인으로 설정하였다. 個人이라는 主體가 人類 創造力의 基本이며 眞正한 내가 主體로서 實踐의 핵심이었다. 이런 차원에서 爲己는 自己라는 主體를 確認하는 방법이며 극기는 主體인 나를 完成시키는 수양 방법이었다.[25] 즉 자기완성에 到達하는 倫理가 敬과 사랑이며 모든 정성을 다하는 忠의 윤리는 공경이 근본이고 親親의 본성에서 自己의 모든 것을 바칠 수 있는 효의 윤리는 사랑의 근본이다. 敬愛忠孝가 자기완성과 위국충성의 길로서 5천년 전통적「얼」사상의 윤리라고 하였다.[26]

전통문화의 선택적 수호와 외래 풍조의 수용 여부도 성락서는 윤리를 기준으로 결정해야 한다고 생각했다. 전통을 무조건 고수하는 것도 배격했지만 외래 풍조도 무턱대고 반대하지도 않았다. 다만 그는 민족의「얼」을 말살시키는 퇴폐풍조를 배격하고 선진국으로 진입할 수 있는 창조적인 윤리문화를 만들고자 하였다. 인간 본연의 자세에서 우리 민족의 생리와 주체적 이념에 부합되며 영광의 길을 찾고자 그는 時宜에 適應되는 방법과 가치를 발견하려고 노력하였다.

4. 나오는 말

운정 성락서는 한국사회가 일제강점기와 6.25전쟁, 5.16 등 격동기에 근대화를 통한 선진국으로 발전하기 위해 인문학적 측면에서 고민한 학자이자 정치가였다. 그의 저술『안엽기』에는 다양한 사상이 있지만 가장 주목할 만 것은 유가유신론이었다. 70년대까지만 해도 한국사회는 유림의 사회라 해도 과언이 아닐 정도로 유림의 숫자나 영향력이 막강하였다. 그러나 유림들은 시대의 흐름에 맞추어 변화하지 못하고 국가의 당면과제에 부응하지도 못하는 상황이었다.

성락서의 유가유신론은 유림사회에게 자기혁신을 통해 조국의 근대화에 윤리적 책무를 부여한 주장이다. 이는 유학의 본질인 수신제가치국평천하의 논리에 입각하여 둔세적 처세로 일관하던 유림들에게 조국이 근대화를 통해 선진국으로 진입하기 위해서 가장 필요한 국민윤리의식을 배양하는데 주체적인 역할을 수행하라는 요구이다. 전통적인 유가의 논리를 현대적으로 재해석하고 유림들에게 사고의 변화와 시대적 당무를 부여한 것은 유학의 역할을 현대사회에 재정립하기 위한 일이었다.

따라서 유가유신론은 유교의 현대화 논리라는 점에서 매우 가치가 있다. 현대는 산업화로 인해 사회질서가 바뀌었고 그로 인한 윤리적 문제가 발생했다. 성락서는 유학의 특질 중의 하나인 인본주의적 윤리를 현대사회에 적용하여 국민의식을 개선하려고 노력하였다. 이는 유림사회의 변화가 필요하였다. 그는 둔세적 처세와 보수적 유림사회를 개혁하여 국가를 새롭게 만들어 가는데 윤리의 측면에서 주도적 활동하도록 강조하였다. 유림사회에 상전벽해식 발상의 전환을 요구한 유가유신론은 전통문화의 근저위에 서구의 물질문명을 조화하려는 원대한 계획 속에 발로된 사상이었다.

전통시대 사대주의와 현대판 사대주의를 배척한 성락서는 자립정신과 주체적 사고를 강조하였다. 이는 우리 사회가 산업화와 서구화가 진행하면서 우리의 주체적 사고와 전통문화를 상실할 경우 경제와 산업이 지속할 수가 없으며 우리의 행복한 삶을 보장받을 수 없기 때문이었다. 그래서 성락서는 전통문화에 기반하여 우리가 주체적으로 산업과 경제를 발전시킬 때 선진사회로 진입이 가능하다는 논리를 펼쳤다. 이는 자칫 서구풍조에 지배당할 수 있는 상황에서 유학의 전통윤리를 새롭게 해석하여 민족의 주체성을 확립하기 위한 이론적 바탕을 마련했다는 점에서 매우 의미가 있다.

이러한 성락서의 유교유신론은 한국의 산업화를 통한 근대화를 추진하는데 선진문화를 창조할 수 있는 이론적 기반을 제공해주었다고 할 수 있다. 뿐만 아니라 유학에서 시대의 요구에 부응할 수 있는 요소를 찾아내어 현대적으로 재해석한 점은 현대 유학사에서 높이 평가할 수 있다. 이는 우리나라가 전통사회에서 현대사회로 이행하면서 몰락해가는 유교를 현대적으로 되살리려는 노력 중 하나였다. 현재 유교가 시대에 흐름에 적응하지 못하고 여전히 구태에서 벗어나지 못하는 모습을 볼 때 성락서의 유가유신론은 더욱 빛난다고 할 수 있다.

주석

I. 운정 성락서의 공공활동 리더십 | 이정우

1. 본 글은 성락서의 유고 문집인 『안엽기(鴈葉記)』에 나온 내용을 중심으로 작성했다. 『안엽기』는 2000년 7월 창녕성씨예포공파종중에서 간행했다. 본 글에서 인용된 그의 글은 그의 유고집 가운데에서 있던 한자어와 고어체 단어 및 문장을 필자가 가능한 최소의 범위에서 쉬운 말로 풀이한 것이다.(성옥경 편, 『운정 성락서선생문집 안엽기』, 창령성씨 운포공파종중, 대전: 회상사, 2000)
2. 성락서, 「나의 인생 설계」, 성옥경 편, 같은 책, 233쪽 29줄 - 234쪽 2줄.
3. 창령성씨운포공파종중, 『경진하산가승』(대전: 회상사, 2001), 44쪽 6-15줄.
4. 입학 당시 전체입학생 162명 가운데 한국학생은 44명이었다. 창령성씨운포공파종중, 같은 책, 49쪽 20-21줄.
5. 이충우, 「경성제국대학」, 『주간한국』 1979년 5월 6일, 8월 6일자 기사(한국일보사); 창령성씨운포공파종중, 「졸업논문」, 『경진하산가승』, 50쪽 14-17줄, 재인용.
6. 제헌국회의원선거는 소선거구제로 200명을 뽑았다. 이 선거에서 그는 대전 제1선거구에서 득표율 44.40%의 지지를 얻어, 충남에서 1위의 지지율로 당선되었다.(중앙선거관리위원회, 선거통계시스템, https://www.nec.go.kr/site/nec/main.do)
7. 재단법인 성균관 이사장은 1968년 4월부터 2선을, 성균관장은 1970년 6월부터 11대에서 13대까지 3선을 역임했다. 성균관장 11대는 1970년 6월 21일부터, 12대는 1972년 7월 9일부터, 13대는 1974년 8월 25일부터 14대 1976년 7월 25일 박성수 관장이 즉위하기 전까지, 6년여 기간 동안

역임했다. 전체적으로 재단법인 성균관 이사장 2선, 성균관장은 3선을 하였다.

8. 성락서,「대전 KBS 대담-나의 자서전」 1983년 12월-1984년 8월 28일, 성옥경 편,『안엽기』, 274쪽 21-24줄.
9. 성락서,「도지사 도의회 시정방침 연설-자치정신의 함양」 1952년 12월 8일, 성옥경 편, 같은 책, 107쪽 14-25줄.
10. 성락서,「대전KBS 대담-나의 자서전」 1983년 12월-1984년 8월 28일, 성옥경 편, 같은 책, 274쪽 26줄-32줄.
11. 성락서,「도지사 도의회 시정방침 연설-공무원의 교양훈련」 1952년 12월 8일, 성옥경 편, 같은 책, 108쪽 21-29줄.
12. 성락서,「충청남도 지사 취임사-지방행정의 화립」 1952년 9월 13일, 성옥경 편, 같은 책, 100쪽 25-27줄.
13. 성락서,「도지사 도의회 시정방침 연설-지방재정 확보」 1952년 12월 8일, 성옥경 편, 같은 책, 108쪽 1-7줄.
14. 성락서,「충청남도 지사 취임사-산업증진」 1952년 9월 13일, 성옥경 편, 같은 책, 102쪽 15-18줄.
15. 성락서,「충청남도 지사 취임사-축산행정」 1952년 9월 13일, 성옥경 편, 같은 책, 102쪽 26줄-103쪽 2줄.
16. 성락서,「도지사 도의회 시정방침 연설-재해 복구와 산업 개발」 1952년 12월 8일, 성옥경 편, 같은 책, 106쪽 8-10줄.
17. 성락서,「도지사 도의회 시정방침 연설-농촌진흥」 1952년 12월 8일, 성옥경 편, 같은 책, 106쪽 12-23줄.
18. 성락서,「도지사 도의회 시정방침 연설-산림녹화」 1952년 12월 8일, 성옥경 편, 같은 책, 107쪽 2-11줄.
19. 성락서,「대전KBS 대담-나의 자서전」 1983년 12월 - 1984년 8월 28일,

성옥경 편, 같은 책, 272쪽 31-33줄.

20. 성락서, 「나의 인생 설계」, 성옥경 편, 같은 책, 234쪽 15-19줄.

21. 국학대학교는 1946년에 서울에서 개교하여, 1967년 수도의과대학에 흡수되어 교명이 우석대학교로 변경되었고, 다시 1971년 고려대학교에 합병되었다.

22. 성락서, 「년보-교직경력」, 성옥경 편, 『안엽기』, 11쪽 18-20줄

23. 성락서, 「충청남도 지사 취임사-교육행정」 1952년 9월 13일, 성옥경 편, 같은 책, 102쪽 1-8줄.

24. 성락서, 「도지사 도의회 시정방침 연설-과학교육 진흥」 1952년 12월 8일, 성옥경 편, 같은 책, 109쪽 30줄-110쪽 6줄.

25. 성락서, 「도지사 도의회 시정방침 연설-성인교육의 철저」 1952년 12월 8일, 성옥경 편, 같은 책, 110쪽 10-20줄.

26. 진헌식(陳憲植 1902-1980) 지사는 충남 연기군(현 세종특별자치시) 출신으로 충청남도 연기군 제헌국회의원, 충청남도지사, 제헌동지회 부회장을 역임했다.

27. 성락서, 「충남대학교의 출범, 성락서 총장서리 부임」 1952년 10월 16일, 『충남대학교 30년사』 18-20쪽, 성옥경 편, 『안엽기』, 287쪽 16-17줄.

28. 성락서, 「회고 일우(一隅)」 1977년 5월 23일, 『충대신문』 충대개교 25주년 기념호, 역대 총장의 회고와 전망, 성옥경 편, 같은 책, 235쪽 6-7줄.

29. 성락서, 「충청남도 지사 취임사-전재복구」, 성옥경 편, 같은 책, 102쪽 8-13줄.

30. 성락서, 「회고 일우(一隅)」 1977년 5월 23일, 『충대신문』 충대개교25주년 기념호, 역대 총장의 회고와 전망, 성옥경 편, 같은 책, 235쪽 7-12줄.

31. 이후 충남대학교는 1977년부터 대전시 유성에 대덕캠퍼스를 추가로 조성하여 확장되었고, 보운캠퍼스에는 보건의료계열이 남게 되었다.

32. 성락서, 「충남대학교 관계 제반에 관한 담화문」 1954년 1월 19일, 『대전일보』, 성옥경 편, 『안엽기』, 197쪽 18-22줄.

33. 성락서, 「충남대학교 관계 제반에 관한 담화문」 1954년 1월 19일, 『대전일보』, 성옥경 편, 같은 책, 197쪽 23-29줄.

34. 성락서, 「회고 일우(一隅)」 1977년 5월 23일, 『충대신문』 충대 개교 25주년 기념호, 역대 총장의 회고와 전망, 성옥경 편, 같은 책, 235쪽 20줄-236쪽 2줄.

35. 성락서, 「대전KBS 대담-나의 자서전」 1983년 12월-1984년 8월 28일, 성옥경 편, 같은 책, 276쪽 4-9줄.

36. 성락서, 「유림사회의 목탁」, 성옥경 편, 같은 책, 142쪽 27줄 - 143쪽 3줄.

37. 이 시기부터 재단법인 성균관 이사장과 성균관장을 동시에 겸직하게 되었다.(성락서, 「성균관장 취임사」 1970년 7월 4일, 성옥경 편, 같은 책, 112쪽 2-5줄)

38. 성락서, 「성균관장 취임사」 1970년 7월 4일, 성옥경 편, 같은 책, 112쪽 17-26줄.

39. 성락서, 「성균관장 취임사」 1970년 7월 4일, 성옥경 편, 같은 책, 112쪽 27-32줄.

40. 유가유신론이라는 하나의 제목 아래에서 세 번에 걸쳐 나누어져 게재된 것으로 판단된다.

41. 『시경』, 대아 문왕편; 『서경』, 하서 윤정편.

42. 성락서의 유신론은 1972년 10월 17일의 이른바 '10월 유신'이나, 1971년 12월 6일의 '국가비상사태선포'의 이전 시기에 발표된 것으로, 유학자

의 새로운 유학활동과 그 실천을 제시한 것이었다.

43. 성락서, 「유가유신론」 1, 『유림월보』, 1970년 7월 25일, 성옥경 편, 『안엽기』, 23쪽 25줄.

44. 성락서, 같은 글, 성옥경 편, 같은 책, 23쪽 29줄-24쪽 8줄.

45. 성락서, 「유가유신론」 2, 『유림월보』, 1970년 8월 25일, 성옥경 편, 같은 책, 25쪽 12-18줄.

46. 성락서, 「유가유신론」 3, 『유림월보』, 1970년 9월 25일. 성옥경 편, 같은 책, 27쪽 6-15줄.

47. 성락서, 「윤리선언」 1973년 8월 29일, 성옥경 편, 같은 책, 30쪽 5-7줄.

48. 성락서 「국민상 정립의 시점에서 생활윤리를 선언 한다」 1973년 10월 3일, 성옥경 편, 같은 책, 31쪽 18-22줄.

49. 성락서, 「윤리회복」, 중화학술원학위수여식에서 행한 연설문초, 1974년 3월 28일, 성옥경 편, 같은 책, 33쪽 2-6줄.

50. 성락서, 「국민윤리 실천 과제」 1974년 5월 25일, 성옥경 편, 같은 책, 71쪽 4-13줄.

51. 성락서, 「윤리 입국의 이념 -사회 정의로서 재창조-」, 『유림월보』, 1974년 10월 25일, 성옥경 편, 같은 책, 74쪽 5-11줄.

52. 성락서, 「국제동향과 한국 - 난관 극복의 길은 윤리회복」 1975년 3월 25일, 성옥경 편, 같은 책, 79쪽 19-23줄.

53. 성락서, 「창간 6주년 기념사」 1974년 4월 25일, 『유림월보』, 성옥경 편, 같은 책, 154쪽 1-8줄.

II. 인문학으로 대학을 디자인하다: 운정 성락서의 인문학적 비전의 총장 리더십 | 이종성

1. 成玉慶 編(2000),『芸庭 成樂緖先生文集 鴈葉記』, 昌寧成氏 芸圃公派 宗中, 回想社.

2. 국학대학은 해방 이후 정의채가 자신과 같은 집안사람인 위당(爲堂) 정인보(鄭寅普, 1983-1950)에게 민족교육기관 설립을 의논하여 정해진 교명이다. 정인보는 이 대학의 학장이 되어 최현배, 이극로, 양주동 등을 강단에 세웠다(https://namu.wiki/w/국학대학). 운정이 국학대학에서 활동하게 된 배경에는 위당과의 두터운 인연이 큰 역할을 하였다고 볼 수 있다.

3. 『안엽기』,「연보」, 11-13쪽 참조.

4. 이정우(2021),「20세기 후반 성락서(成樂緖)의 공공부문 활동에 있어서의 변혁적 리더십-안엽기(『鴈葉記』)를 중심으로-」,『인문과 예술』 제11호, 성균관대학교 인문예술연구소; 이정우(2021),「1970년대 운정 성락서의 변혁적 리더십으로서의 유학활동-『안엽기』를 중심으로-」,『동서철학연구』 제101호, 한국동서철학회.

5. 이 글에서 인용할 『안엽기』의 내용은 가능한 한 현대역으로 수정하여 원용할 것이며, 맞춤법, 띄어쓰기, 인용부호와 괄호를 통한 영어식 개념보완 등이 가해질 것임을 전제한다. 이후 각주의 내용에서는 이에 대한 개별적인 설명은 생략하기로 한다.

6. https://ko.wikipedia.org/wiki/서리_(행정) 참조.

7. 충남대학교 홈페이지 〈총장실, 역대총장〉 참조. 관련 홈페이지 주소는 다음과 같음.
https://plus.cnu.ac.kr/_prog/history_president/?site_dvs_cd=kr&menu_

dvs_cd=010305&gr=0

8. 『안엽기』, 「수상 · 대담편」, 〈정치인들 좀 더 잘해 줬으면…〉, 279쪽.

9. 운정은 특히 충청남도지사로 재직할 시기에 6 · 25동란 이후 수 많은 피난민들의 구호사업을 비롯한 상이용사들의 구호사업 및 기타 교화사업 등 당시로서는 가장 어려운 사업에 크게 이바지한 공로가 인정되어 당시 사회부장관이던 박술음(朴術音, 1902-1983)으로부터 〈사회부장관 감사문〉을 받을 만큼 나눔의 실천정신에 적극적이었다(『안엽기』, 「부록」, 〈사회부장관 감사문〉, 289쪽 참조).

10. 『안엽기』, 「수상 · 대담편」, 〈대전KBS대담 '나의 자서전'(1983. 12-1984. 2. 28.)〉, 275쪽 및 『안엽기』, 「부록」, 〈대전 지방의 대부 성락서옹〉, 300쪽 참조.

11. 그는 '효제충신' 및 '삼강오륜'과 같은 유교의 정신을 현대화하여 교육할 필요성이 있음을 주장하며(『안엽기』, 「수상 · 대담편」, 〈나의 인생 설계〉, 233쪽 참조), 그 연장선상에서 화랑오계에 나타난 인간학적 의의 등에 관하여 주목할 것을 요청한다.

12. 충남대학교 60년사 편찬위원회(2012), 『충남대학교 60년사』, 문원미디어, 55쪽 참조.

13. 같은 책, 55쪽.

14. 같은 책, 55쪽 참조.

15. 충남대학교 홈페이지 〈총장실, 역대총장〉 참조. 관련 홈페이지 주소는 앞서 소개한 것과 같음.

16. 『안엽기』, 「수상 · 대담편」, 〈대전KBS대담 '나의 자서전'(1983. 12-1984. 2. 28.)〉, 275쪽 참조

17. 『안엽기』, 「부록」, 〈충남대학교의 출범, 성락서 총장서리 부임〉, 288쪽.

18. 『안엽기』, 「부록」, 〈대전 지방의 대부 성락서 옹〉, 300쪽 참조.

19. 『안엽기』, 「부록」, 〈충남대학교의 출범, 성락서 총장서리 부임〉, 288쪽.

20. 『안엽기』, 「부록」, 〈대전 지방의 대부 성락서 옹〉, 300-301쪽 참조; KBS대전, 〈한밭대토론〉, 1984년 7월 25일 방영분 참조.

21. 충남대학교 60년사 편찬위원회, 『충남대학교 60년사』, 56쪽.

22. KBS대전, 〈한밭대토론〉, 1984년 7월 25일 방영분 참조. 당시 사회자인 박종권의 운정에 대한 평가 내용 참조.

23. 『안엽기』, 「수상 · 대담편」, 〈회고일우〉, 236쪽 참조.

24. 『안엽기』, 「논설편」, 〈우리를 찾자〉, 66-67쪽 참조.

25. 『안엽기』, 「논설편」, 〈우리를 찾자〉, 67쪽.

26. 이이화는 이 시기 위당의 나이가 49세라고 적고 있으나, 정양원이 정리한 「담원 연보」에 의하면, 위당의 내수동 시기는 45세에서 48세 때의 일이었다. 위당은 1940년 8월 15일까지 내수동 198번지에 거주하다가 그해 가을 창동 733번지로 옮겨 살았다고 한다(정인보(2006), 『담원문록(하)』, 정양완 옮김, 태학사, 562-566쪽 참조).

27. 이이화(2008), 『바람 앞에 절명시를 쓰노라』, 김영사, 113-114쪽 참조.

28. 제1장 초년시대1, 〈정인보 선생께 입문(4회)〉 http://www.graphys.co.kr/bin/bbs/bbs.htm?table=170426204400&st=view&page=1&id=4&limit=&keykind=&keyword=&bo_class=1&fpage=&spage=

29. 정인보, 『담원문록(하)』, 529쪽 참조.

30. 『안엽기』, 「논설편」, 〈우리를 찾자〉, 67쪽.

31. 정인보(2012), 『조선사연구(상)』, 문성재 역주, 우리역사연구재단, 58쪽.

32. 같은 책, 62쪽.

33. 같은 책, 100-101쪽 참조.

34. 같은 책, 『조선사연구(상)』, 60쪽.

35. 운정은 "인간이 가장 존귀하다. 인간 존엄을 되찾는 것이 윤리의 전제

이며 모든 문명의 축적은 언제나 인간을 위해서만 존재하는 인본적 가치이다"라고 선언한다(『안엽기』, 「논설편」, 〈윤리선언〉, 30쪽).

36. 〈윤리선언〉은 운정이 성균관장을 재임하기 시작한 제2차 임기 중이던 1973년 8월 29일에 발표한 것이다. 그 전문은 『안엽기』, 「논설편」, 30-31쪽에 상재되어 있다.

37. 『안엽기』, 「연설편」, 〈송년사〉, 136쪽 참조.

38. 위당은 상고사 연구에 몰입하여 그 연구 성과를 「오천년간 조선의 얼」이란 제목으로 〈동아일보〉에 발표(1935.1.1.-1936.8.30.)하였고, 광복 직후 1946년 『조선사연구』(서울신문사 간행)로 개제하여 단행본으로 엮어냈다(박성수(1988), 「위당 정인보의 단군문화론」, 『동양학』 18집, 단국대학교 동양학연구소, 209쪽 참조).

39. 『안엽기』, 「논설편」, 〈성균관이 가고 있는 길〉, 73쪽; 『안엽기』, 「연설편」, 〈병진년의 염원〉, 129쪽; 『안엽기』, 「연설편」, 〈회고 갑인〉, 137쪽 등 참조.

40. 『안엽기』, 「논설편」, 〈동방의 전통 사상과 현대 사회〉, 91쪽.

41. 박성수, 「위당 정인보의 단군문화론」, 213쪽 참조.

42. 같은 논문, 220쪽.

43. 『안엽기』, 「논설편」, 〈동방의 전통 사상과 현대 사회〉, 91-92쪽 참조.

44. 정인보, 『조선사연구(상)』, 110쪽.

45. 최영성(2006), 『한국유학통사(하)』, 심산, 550-551쪽 참조.

46. 운정은 자신의 선친 성보영이 경술국치 직후에 광복단과 만주군관학교에 거액의 자금을 제공하였고, 일부는 이시영의 부하였던 민영순에게 전달한 사실이 있었다고 밝힌다(『안엽기』, 「수상 · 대담편」, 〈나의 인생설계〉, 233-234쪽 및 『안엽기』, 「편찬후기」, 310쪽 참조).

47. 당시 운정의 집에 주재하던 이건복은 어느 날 밤 "너희들도 정신을 차

려야 한다. 왜놈의 종노릇만 할 수는 없지 않은가? 나라를 찾아야 한다" 고 훈도한 일이 있었다고 한다(『안엽기』, 「수상 · 대담편」, 〈나의 인생 설계〉, 234쪽). 이와 같은 한문 선생님의 훈도는 어린 시절 운정의 마음 속에 '민족의 얼'과 '얼의 정신'을 심어주는 데 크게 기여했을 것임에 의심의 여지가 없다.

48. 『안엽기』, 「수상 · 대담편」, 〈대전KBS대담 '나의 자서전'(1983.12-1984.2.28.〉, 260-261쪽 참조. 보통학교 3학년 시절, 그가 열네 살 무렵에 3 · 1운동이 일어나는데, 그는 이때 공주 제민천에 모인 사람들과 함께 만세운동에 동참했었다고 술회하고 있다(『안엽기』, 「수상 · 대담편」, 〈대전KBS대담 '나의 자서전'(1983.12-1984.2.28.〉, 260-261쪽 참조).

49. 『안엽기』, 「수상 · 대담편」, 〈대전KBS대담 '나의 자서전'(1983.12-1984.2.28〉, 273쪽 및 『안엽기』, 「편찬후기」, 310쪽 참조.

50. 『안엽기』, 「수상 · 대담편」, 〈회고일우〉, 236쪽.

51. 『안엽기』, 「연설편」, 〈충남대학교 총장서리 취임사〉, 236쪽.

52. 『안엽기』, 「수상 · 대담편」, 〈대전KBS대담 '나의 자서전'(1983.12-1984.2.28〉, 276쪽.

53. 『안엽기』, 「문편」, 〈충남대학 관계 제반에 관한 담화문〉, 197쪽.

54. 정기원, 「도서관의 기능과 역할에 대하여-도서관은 시민 지적 성장의 심장」, 〈전북더푸른뉴스〉, 2021.01.13. 참조. http://www.jbtheblue.com/news/article.html?no=3481

55. 국사편찬위원회, 「우리역사네」, 교과서 용어 해설, 〈조선학 운동〉. http://contents.history.go.kr/front/tg/view.do?treeId=0200&levelId=tg_004_2690&ganada=&pageUnit=10

56. 운정은 위당의 조선학 운동뿐만 아니라 육당(六堂) 최남선(崔南善,

1890-1957)이 중심이었던 광문회의 활동을 동시에 주목한다(『안엽기』, 「논설편」, 〈우리를 찾자〉, 67쪽). 광문회는 "1910년 일제는 조선을 강점한 후 해마다 진귀한 서적과 국보급 문화재를 반출하였다. 이에 충격을 받고 민족 전통의 계승을 위한 고전 간행 및 보급 운동의 필요성을 느껴 최남선" 등이 중심이 되어 조직한 단체이다(『한국민족문화대백과사전』, 〈조선광문회(朝鮮光文會)〉 조 참조. 이에 대한 인터넷 주소는 다음과 같다. http://encykorea.aks.ac.kr/Contents/Item/E0051930). 육당 최남선은 친일 성향으로 전향한 대표적인 인물 가운데 한 사람이지만, 이 시기만 해도 그는 민족주의적인 노선에 서 있었음을 알 수 있다.

57. 정기원, 「도서관의 기능과 역할에 대하여-도서관은 시민 지적 성장의 심장」 참조.

58. 『안엽기』, 「문편」, 〈충남대학 관계 제반에 관한 담화문〉, 197쪽.

59. 충남대는 1953년 5월 25일 문리과대학 교사 1실을 사용하여 구내에 문리과대학 도서관을 개관하였지만(『충남대학교 도서관 오십년사(1953-2003)』(2003), 충남대학교 도서관, 9-10쪽 참조), 이때 도서관으로 사용한 교사라는 것이 창고나 다를 바 없는 상황이었다. 6 · 25전란 중의 상황임을 고려할 때 당시의 상황이 짐작이 가고도 남음이 있다.

60. 운정은 동교가 자신과 둘도 없는 절친한 '죽마고우'였음을 〈고향산하〉라는 수상록에 직접 밝히고 있다(『안엽기』, 「수상 · 대담편」, 〈고향산하〉, 231쪽.

61. 『충남대학교 도서관 오십년사(1953-2003)』, 3쪽 참조.

62. 같은 책, 9쪽.

63. 같은 책, 3쪽 참조.

64. 장암이 도서관장을 맡은 시기는 1957년 4월 8일부터 1957년 12월 31일까지로 매우 짧은 기간이었다(같은 책, 409쪽 참조).

65. 같은 책, 3쪽 참조.

66. 같은 책, 4쪽 참조.

67. 『안엽기』, 「수상 · 대담편」, 〈회고일우〉, 236쪽 참조.

68. 『안엽기』, 「수상 · 대담편」, 〈내가 만난 화곡박사〉, 237쪽 참조.

69. 충남대학교 30년사 편찬위원회(1982), 『충남대학교 30년사』, 삼화인쇄 주식회사, 14쪽 참조. 참고로 이들과 함께 조병원(趙秉元, 일반물리), 조종관(趙鍾寬, 수학) 등이 함께 참여한 문리과대학 최초의 교수회이자 충남대 최초의 역사적인 교수회의가 1952년 6월 6일에 출범하였다(『충남대학교 30년사』, 14쪽 참조).

70. 역사의식의 사전적 정의는 "어떠한 사회현상을 역사적 관점이나 시간의 흐름에 따라 파악하고 그 변화 가운데 주체적인 관계를 가지려는 의식"을 말한다. 네이버 국어사전, 〈역사의식〉. 이에 대한 인터넷주소는 다음과 같다. https://ko.dict.naver.com/#/search?query=역사의식

71. 정인보, 『조선사연구(상)』, 101쪽.

72. 『안엽기』, 「연설편」, 〈충남대학교 총장서리 취임사〉, 111쪽 참조.

73. 『안엽기』, 「연설편」, 〈도지사 도의회 시정방침 연설〉, 109-110쪽.

74. 이와 관련한 구체적인 내용은 앞의 절에서 살핀 〈얼의 자각과 민족충대 건설의 꿈〉으로 대신한다.

75. 『대학』, 경1장, "大學之道, 在明明德, 在親民, 在止於至善."

76. 『안엽기』, 「연설편」, 〈충남대학교 총장서리 취임사〉, 111쪽 참조.

77. 『안엽기』, 「논설편」, 〈우리를 찾자〉, 66쪽.

78. 『안엽기』, 「논설편」, 〈우리를 찾자〉, 66-67쪽.

79. 『안엽기』, 「논설편」, 〈윤리 정립의 이념-사회정의로서 재창조-〉, 74쪽.

80. 『안엽기』, 「논설편」, 〈국제동향과 한국-남관극복의 길은 윤리회복-〉, 79쪽 참조.

81. 『맹자』, 「滕文公上」, "人之有道也, 飽食 · 煖衣 · 逸居而無教, 則近於禽獸. 聖人有憂之, 使契爲司徒, 教以人倫: 父子有親, 君臣有義, 夫婦有別, 長幼有序, 朋友有信."

82. 『안엽기』, 「논설편」, 〈국제동향과 한국-남관극복의 길은 윤리회복-〉, 79쪽 참조.

83. 『안엽기』, 「논설편」, 〈국민 윤리 실천의 과제〉, 71쪽 참조.

84. 『안엽기』, 「연설편」, 〈을묘춘왕 정월〉, 128쪽 참조.

85. 『안엽기』, 「논설편」, 〈성균관이 가고 있는 길〉, 73쪽 참조.

86. 『안엽기』, 「논설편」, 〈국민 윤리 실천의 과제〉, 70쪽 참조.

87. 『안엽기』, 「논설편」, 〈윤리 입국의 이념-사회정의로서 재창조-〉, 75쪽 참조.

88. 민동근, 「운정 성락서선생 추모비」, 『안엽기』, xi쪽 및 『안엽기』, 「수상 · 대담편」, 〈대전KBS대담 '나의 자서전'(1983.12-1984.2.28〉, 275쪽 참조.

89. 운정은 유학의 도가 '수신-제가-치국-평천하'의 도라고 규정한다. 그는 이것이 수양과 공부의 순서이면서 국가와 민족의 안전을 도모하는 일이라고 간주한다(『운정집』, 「유림월보」기명 사설」, 〈세계의 움직임과 우리의 각오〉, 37쪽 참조.

90. 『안엽기』, 「논설편」, 〈윤리 입국의 이념-사회정의로서 재창조-〉, 74쪽.

91. 테리 이글턴(2021), 이강선 옮김, 『문화란 무엇인가』, 문예출판사, 193쪽.

92. 같은 책, 193쪽.

93. 운정은 "현대 문명의 위력이 인간의 존엄을 압도하고 인본을 떠나는 물질 편중의 과학주의에 대하여 우리는 그 과학의 진로를 밝혀줄 올바른 빛으로서 우리의 인본적 윤리를 강조하는 바이다"라고 하여, 진정한 나를 통한 윤리실천을 강조하였다(『안엽기』, 「논설편」, 〈윤리선언〉, 30

쪽).

94. 『안엽기』, 「부록」, 〈충남대학교의 출범, 성락서 총장서리 부임〉, 288쪽.

95. 『안엽기』, 「연설편」, 〈도지사 도의회 시정방침 연설〉, 110쪽 참조.

96. 『안엽기』, 「수상 · 대담편」, 〈회고일우〉, 236쪽.

97. 『안엽기』, 「연설편」, 〈도지사 도의회 시정방침 연설〉, 110쪽.

98. 『안엽기』, 「수상·대담편」, 〈회고일우〉, 236쪽.

99. 김현진(2021), 「인문학과 텍스트 해석, 그리고 대학의 미래」, 『팬데믹 너머 대학의 미래를 묻다』, 서울대학교출판문화원, 49쪽.

III. 인본과 윤리: 운정 성락서의 유가사상에 반영된 리더십 정신 | 이종성

1. 성락서가 운정(芸庭)이라는 호를 사용한 직접적인 계기는 자신의 부친의 호인 운포(芸圃)를 계승한 것으로 보인다. 실제로 그는 명실상부한 창령성씨 운포공파의 핵심 인물로 뚜렷한 족적을 남겼다.
2. 成玉慶 編,『芸庭 成樂緖先生文集 鴈葉記』, 昌寧成氏 芸圃公波 宗中, 회상사, 2000.
3. 『운정집』,「연보」, 11-13쪽 참조.
4. 이정우,『동서철학연구』제101호, 한국동서철학회, 2021.
5. 이정우,『인문과 예술』제11호, 성균관대학교 인문예술연구소, 2021.
6. 이 유고집은 운정의 셋째 아들 성옥경(成玉慶)이 창녕성씨(昌寧成氏) 운포공파종중(芸圃公波宗中)의 이름으로 2000년에 한국의 대표 족보출판사인 회상사에서 편찬한 것이다. 운정은 79세 되던 해(1983)에 80회 생일 기념으로『안엽기』라는 제하에 50여 매의 원고를 집필하기 시작하였으나 생전에 뜻을 이루지 못하고 유고집으로 발행되었다(『안엽기』,「수상 · 대담편」, 〈'성'자의 길이 곧 성공의 길〉, 250쪽 참조).
7. 운정은 79세 가을에 유교에 대한 연구발표 논문집 간행이 있을 것임을 언급한 바 있는데(『안엽기』,「수상 · 대담편」, 〈'성'자의 길이 곧 성공의 길〉, 250쪽 참조), 그것이 구체적으로 어떤 글인지는 확인하지 못했다. 만일 이 논문집의 실체가 확인될 경우 운정의 유교사상에 대한 연구의 깊이와 외연은 보다 더 확장될 수 있을 것이라 본다.
8. 운정은『조선음악서』를 1939년 4월에서 1940년까지 1년 여에 걸쳐 역사적인 면과 악기편, 무편, 악곡편 등으로 나누어 집필하였다고 한다(『운정집』,「대전KBS대담 '나의 자서전'(1983.12-1984.2.28.)」, 273쪽). 이 저술

은 장사훈(張師勛, 1916-1991)의 필사본이 전해져 오는데, 현재 청주대학교 '운초 장사훈 박사 기념관'에 사본이 보관되어 있다.

9. 이 글에서는 인용할 문장의 현대역, 맞춤법, 띄어쓰기, 인용부호 등은 필요에 따라 부분적으로 수정하여 인용할 것이며, 이에 대한 개별적인 설명은 주석에서 생략할 것임을 밝힌다.

10. 『안엽기』, 「수상 · 대담편」, 〈대전KBS대담 '나의 자서전'(1983.12-1984.2.28.)〉, 258쪽.

11. 운정은 "할아버지 때부터 유교 집안이었기 때문에 그 완고한 유교 가정에서 자라다 보니 나도 모르게 유교인이 되었나 봐요"라고하여 유교와의 태생적 친연성에 대해 밝히고 있다(『안엽기』, 「수상 · 대담편」, 〈'성' 자의 길이 곧 성공의 길〉, 251쪽).

12. 운정은 자신의 대학 시절 7장 정도로 작성한 「한국유학의 전래와 그 방향」이라는 원고가 당시 담당교수에게 흡족한 칭찬을 받았던 적이 있다고 회고한 바 있다(『안엽기』, 「수상 · 대담편」, 〈대전KBS대담 '나의 자서전'(1983.12-1984.2.28.)〉, 272쪽). 이를 통해 볼 때 운정의 유가사상에 대한 관심과 연구는 일관된 연속성을 갖는다고 할 수 있다.

13. 『안엽기』, 「〈유림월보〉 기명 사설」, 〈민주주의 재천명-공탄일을 스승의 날로-〉, 77-78쪽 참조. 운정은 "미국 '캘리포니아'에서는 주의회 통과, 주정부의 공포로서 공자탄신인 9월 28일을 '스승의 날'로 설정하여 1974년부터 시행하고 다시 연방의회 하원을 통과하였다고 한다"(『안엽기』, 「〈유림월보〉 기명 사설」, 〈민주주의 재천명-공탄일을 스승의 날로-〉, 78쪽)고 하여, 이를 타산지석으로 삼고자 한 것으로 보인다.

14. 서해길, 「『충남정신의 뿌리와 실체』 서론」, 『안엽기』, 「부록」, 286쪽 참조.

15. 『안엽기』, 「〈유림월보〉 기명 사설」, 〈5월〉, 86쪽.

16. 『안엽기』, 「〈유림월보〉 기명 사설」, 〈5월〉, 86쪽.

17. E.프롬, 강주헌 옮김, 『자기를 위한 인간』, 서울: 나무생각, 2018, 50쪽 참조.

18. 모종삼, 송항룡 역, 『중국철학특질』, 서울: 범학, 1979, 34쪽 참조.

19. 막스 호르크하이머, 박구용 옮김, 『도구적 이성 비판』, 서울: 문예출판사, 2006, 82쪽.

20. 막스 호르크하이머, 박구용 옮김, 『도구적 이성 비판』, 138쪽.

21. https://librewiki.net/wiki/인본주의 참조.

22. 『중용』, "仁者人也."

23. 모종삼, 송항룡 역, 『중국철학특질』, 39쪽 참조.

24. 『안엽기』, 「논설편」, 〈정신 혁명 제언〉, 69쪽 및 『안엽기』, 「논설편」, 〈윤리 입국의 이념-사회정의로서 재창조-〉, 74쪽 참조.

25. 『안엽기』, 「논설편」, 〈정신 혁명 제언〉, 69쪽 참조.

26. 미셸린 이샤이, 조호재 옮김, 『세계인권사상사』, 서울: 도서출판 길, 2010, 63쪽 참조.

27. 『안엽기』, 「문편」, 〈문절사비〉, 221쪽.

28. 유남상, 「한국 고대사상에 나타난 인본정신」, 『새마음논총』 창간호, 충남대학교 새마을연구소, 1977, 84쪽 참조.

29. 『안엽기』, 「논설편」, 〈동방의 전통 사상과 현대 사회〉, 94쪽.

30. 『안엽기』, 「기념사」, 〈유림사회의 목탁(유림월보창간)〉, 142쪽. 이 내용은 『안엽기』, 「논설편」, 〈국제인권의 해에 즈음하여〉, 21쪽에서 약간의 문장 수정만 가해진 상태에서 다시 언급되고 있다. 아래에서 인용되는 내용은 「기념사」만 적시하기로 한다.

31. 『안엽기』, 「기념사」, 〈유림사회의 목탁(유림월보창간)〉, 142쪽.

32. 『안엽기』, 「기념사」, 〈유림사회의 목탁(유림월보창간)〉, 142쪽.

33. 『안엽기』, 「기념사」, 〈유림사회의 목탁(유림월보창간)〉, 142쪽.

34. 미셸린 이샤이, 조호재 옮김, 『세계인권사상사』, 481쪽 참조.

35. 『안엽기』, 「기념사」, 〈유림사회의 목탁(유림월보창간)〉, 142쪽.

36. 미셸린 이샤이, 조호재 옮김, 『세계인권사상사』, 481쪽.

37. 『안엽기』, 「논설편」, 〈UN총회와 통한문제〉, 19쪽.

38. '북괴'란 북쪽의 허수아비 정권 또는 북쪽의 도깨비 정권이라는 의미로서, 그 국가정체성 자체를 인정하지 않는 타자성의 배제적 태도와 관련이 있다. 이 용어는 진보 진영에 의해 1988년부터 일어난 '북한바로알기 운동' 이후 점차 사라져 현재는 그 용어의 사용이 거의 폐기된 상황이라고 볼 수 있다.

39. 『안엽기』, 「논설편」, 〈UN총회와 통한문제〉, 19쪽.

40. 『안엽기』, 「유림월보」기명 사설」, 〈게르만 민족은 동서독 간의 통행을 협정하였다〉, 51쪽.

41. 『안엽기』, 「유림월보」기명 사설」, 〈6 · 25〉, 40쪽.

42. 『안엽기』, 「연설편」, 〈순국선열 추념식 개식사〉, 158쪽.

43. 『안엽기』, 「논설편」, 〈내일을 위한 오늘의 좌표〉, 76쪽.

44. 『안엽기』, 「연설편」, 〈광복절 기념사〉, 141쪽.

45. 『안엽기』, 「연설편」, 〈광복 30주년〉, 154쪽 참조.

46. 『안엽기』, 「연설편」, 〈광복절 기념사〉, 139쪽 참조.

47. 『안엽기』, 「논설편」, 〈국제인권의 해에 즈음하여〉, 21-22쪽.

48. 『안엽기』, 「연설편」, 〈인권공동선언 12주년 기념식 개회사〉, 160쪽 참조.

49. Immanuel Kant, Kritik der praktischen Vernunft(1788), hrsg. Karl Vorländer, Felix Meiner Verlag, 1974, 186쪽.

50. 『안엽기』, 「논설편」, 〈전통과 긍지〉, 85쪽 참조.

51. 『안엽기』, 「논설편」, 〈우리를 찾자〉, 66쪽.

52. 『논어』, 「述而」, "子不語怪力亂神."

53. 『안엽기』, 「논설편」, 〈국제 정세 속의 한국〉, 61쪽.

54. 『안엽기』, 「논설편」, 〈국제 정세 속의 한국〉, 61쪽.

55. 『안엽기』, 「논설편」, 〈국제 정세 속의 한국〉, 61쪽.

56. 『안엽기』, 「논설편」, 〈국민 윤리 실천 과제〉, 70쪽. 운정은 곳곳에서 개인주의와 이기주의를 혼용하여 사용하는데, 엄밀하게 볼 때 개인주의와 이기주의는 구별된다. 개인주의는 개인의 자유와 권리 등을 인정하는 사상과 행위로서, 이것이 강화되면 개인을 사회로부터 분리하여 생각하는 태도를 낳는데, 그것이 바로 이기주의이다. 개인주의와 차별화되는 이기주의는 목적은 자기이고 타인은 수단으로 작용할 뿐이라는 형태로 나타난다(철학사전편찬위원회, 『철학사전』, 서울: 도서출판 중원문화, 1987, 〈개인주의〉, 38쪽 및 〈이기주의〉, 718쪽 참조. 이 글에서는 두 가지 측면을 구별한다는 차원에서 운정이 개인주의라고 언급한 것도 이기주의로 통일하여 이해함을 전제한다.

57. 『맹자』, 「滕文公下」, "楊朱·墨翟之言盈天下. 天下之言, 不歸楊, 則歸墨. 楊氏爲我, 是無君也; 墨氏兼愛, 是無父也. 無父無君, 是禽獸也."

58. 『안엽기』, 「연설편」, 〈송년사〉, 134쪽.

59. 『안엽기』, 「논설편」, 〈국제 정세 속의 한국〉, 60쪽.

60. 『안엽기』, 「논설편」, 〈국제연맹과 국제연합〉, 57쪽. '독일-소련 불가침 조약'은 1939년 8월 23일에 나치 독일과 소련이 상호 불가침을 목적으로 조인한 조약이다. 조약에 서명한 인물의 이름을 따서 몰로토프-리벤트로프 조약(Molotov-Ribbentrop Pact)이라고도 부른다. 그러나 2년 뒤인 1941년에 나치 독일이 소련을 침공하여 독소 전쟁이 벌어져 이 조약은 파기되었다(https://ko.wikipedia.org/wiki/독일-소련_불가침_조약).

61. 『안엽기』, 「논설편」, 〈전통과 긍지〉, 85쪽.

62. 『안엽기』, 「논설편」, 〈정신 혁명 제언〉, 69쪽 참조.

63. 『안엽기』, 「논설편」, 〈전통과 긍지〉, 85쪽.

64. 『안엽기』, 「논설편」, 〈정신 혁명 제언〉, 69쪽.

65. 『안엽기』, 「논설편」, 〈정신 혁명 제언〉, 69쪽. 운정은 충청남도지사로 활동할 때 행정의 최고 목표를 양심사회를 만드는데 두고, 양심사회 조성에 최선의 노력을 다했다고 술회한다(『안엽기』, 「수상 · 대담편」, 〈대전KBS대담 '나의 자서전'(1983.12-1984.2.28.)〉, 275쪽). 이러한 점을 보면, 운정은 자신의 신념을 현실화하고자 한 진정한 지행합일의 실천적 지식인이었다고 평가할 수 있다.

66. 『안엽기』, 「논설편」, 〈국제동향과 한국-난관 극복의 길은 윤리회복-〉, 79쪽.

67. 『한국민족문화대백과사전』, 〈윤리학〉, http://encykorea.aks.ac.kr/Contents/Item/E0042306 참조.

68. 김태길, 『한국윤리의 재정립』, 서울: 철학과현실사, 1995, 13쪽.

69. 이종성, 「순자 철학에서의 자연과 인간의 이분법」, 『동서철학연구』 제25호, 한국동서철학회, 2002, 137쪽 참조.

70. 『순자』, 「예론」, "禮有三本, 天地者,生之本也, 先祖者, 類之本也, 君師者, 治之本也." 참조.

71. 『순자』, 「예론」, "天地以合, 日月以明, 四時以序, 星辰以行, 江河以流, 萬物以昌."

72. 『한국민족문화대백과사전』, 〈윤리학〉, http://encykorea.aks.ac.kr/Contents/Item/E0042306 참조.

73. 『안엽기』, 「연설편」, 〈창간 7주년 기념사〉, 157쪽 참조.

74. 『안엽기』, 「논설편」, 〈윤리선언〉, 30쪽 참조.

75. 『논어집주』, 「學而」, 「里仁」 및 『맹자집주』, 「梁惠王章句上」, "盡己之謂忠."

76. 『안엽기』, 「연설편」, 〈창간 7주년 기념사〉, 157쪽.

77. 〈성대신문〉, 1973.9.1. 『안엽기』, 「논설편」, 〈윤리선언〉, 31쪽에서 재인용.

78. 『안엽기』, 「논설편」, 〈윤리선언〉, 30쪽.

79. 천리푸는 장제스(蔣介石, 1887-1975)의 명참모로 활동한 인물로서, 국내에 그의 저서 『중국철학의 인간학적 이해』(정인재 역, 서울: 민지사, 1986)가 번역 소개되어 있다.

80. 『안엽기』, 「문편」, 〈한국 윤리위원회 발기문〉, 192쪽 참조.

81. 『안엽기』, 「연설편」, 〈창간 7주년 기념사〉, 156쪽 참조.

82. 운정은 유학을 유가라고 언급하는가 하면 유교라고 부르기도 한다. 그는 종교적 차원의 유교의 특징을 이렇게 말한다. "유교가 다른 종교와 다른 점을 억지로 가려낸다면 단적으로 표현하여 내세를 생각하지 않고 현실과 자기의 마음에서 실천과 진리를 탐구하려는 점이라고 할 수 있다."(『안엽기』, 「연설편」, 〈정신문화 계발에 기여토록〉, 146쪽). 그리고 "유교는 타 종교와는 달리 현실 생활의 향상 발전만을 강구하는 실천철학이"라고 규정한다(『안엽기』, 「연설편」, 〈을묘춘왕 정월〉, 128쪽).

83. 『안엽기』, 「논설편」, 〈윤리 입국의 이념-사회정의로서 재창조-〉, 73쪽.

84. 『안엽기』, 「논설편」, 〈유가유신론〉, 26쪽.

85. 『안엽기』, 「논설편」, 〈유가유신론〉, 25쪽 참조.

86. 운정은 '이씨조선'이라는 개념을 사용하고 있는데, 이러한 표현은 마땅히 '조선'이라는 국호로 수정함이 마땅하여 이를 수정하여 인용하기로 한다.

87. 『안엽기』, 「연설편」, 〈창간 세 돌을 맞으면서〉, 144쪽.

88. 『안엽기』, 「연설편」, 〈창간 네 돌을 맞으면서〉, 145쪽.

89. 『맹자』, 「離婁上」, “自暴者, 不可與有言也; 自棄者, 不可與有爲也. 言非禮義, 謂之自暴也; 吾身不能居仁由義, 謂之自棄也.” 참조.

90. 『안엽기』, 「연설편」, 〈성균관대학교 개교 제75주년 축사〉, 165쪽.

91. 『안엽기』, 「논설편」, 〈우리를 찾자〉, 66쪽.

92. 『안엽기』, 「논설편」, 〈우리를 찾자〉, 67쪽. 운정이 〈유가유신론〉을 제창하고 나온 것은 그가 1970년 7월 성균관장에 취임하면서부터이다. (『안엽기』, 「논설편」, 〈윤리 입국의 이념-사회정의로서 재창조-〉, 74쪽 참조).

93. 『안엽기』, 「연설편」, 〈창간 5주년을 맞는 오늘의 아세아〉, 149쪽.

94. 『논어』, 「八佾」, “天下之無道也久矣, 天將以夫子爲木鐸.”

95. 유교는 이승과 저승과 같은 이분법적 대립의 세계를 맞세워 특정한 세계를 가치 지향적 대상으로 상정하지 않는다. 운정은 이러한 유교의 특성으로부터 현실주의적 사명감을 발견하고 이를 실생활에 실천한 지식인이었다고 볼 수 있다.

96. 운정은 이것이 수양과 공부의 순서이면서 국가와 민족의 안전을 도모하는 일이라고 간주한다(『운정집』, 「〈유림월보〉기명 사설」, 〈세계의 움직임과 우리의 각오〉, 37쪽).

97. 『안엽기』, 「연설편」, 〈유가유신론 세미나 개회사〉, 163쪽 참조.

98. 「대학」, “苟日新, 日日新, 又日新.”

99. 『시경』, 「大雅」, 〈文王之什 · 文王〉, “其命惟新.”

100. 『주역』, 「革䷰」, 〈彖傳〉, “革, 水火相息, 二女同居, 其志不相得, 曰革. 巳日乃孚; 革而信也. 文明以說, 大亨以正, 革而當, 其悔乃亡. 天地革而四時成, 湯武革命, 順乎天而應乎人, 革之時大矣哉!” 참조.

101. 『안엽기』, 「연설편」, 〈유가유신론 세미나 개회사〉, 163쪽 참조.

102. 『안엽기』, 「문편」, 〈여성 유림회 창립 취지문〉, 193쪽 참조.

103. 『안엽기』, 「문편」, 〈전국 유림에 격함〉, 200쪽 참조.

104. 『안엽기』, 「문편」, 〈가정의례해의서〉, 206-207쪽 참조.

105. 뚜 웨이밍, 『뚜 웨이밍의 유학강의』, 정용환 옮김, 성남: 청계, 1999, 110쪽.

IV. 운정 성락서의 성균관장으로서의 리더십 -『유림월보』를 중심으로 - | 최영갑

1. 필자가 확보한 자료의 한계로 인해 1969년 4월 30일부터 1976년 7월 25일까지의 기사를 중심으로 한다.
2. 이종성,「운정 성락서의 유가사상에 반영된 리더십 정신」,『동서철학연구』 제104호(한국동서철학회, 2022), 89쪽.
3. 『유림월보』 1970년 7월 25일 기사(제16호).
4. 『유림월보』 1972년 7월 25일 기사(제39호).
5. 2011년 1월 11일 공자상을 세운 일이 발생했다. 천안문 광장은 중국 민주화 운동의 상징이라고 할 수 있는 1989년 6.4 천안문 학생 운동이 공산당에 의해 강제 진압되었던 비극적인 장소였기에 중국 정치에서 가지고 있는 상징성을 생각한다면 끊임없는 정치 투쟁의 현장에 세워진 공자의 동상은 특별한 의미가 있을 것이다.
6. 이정우,「1970년대 운정(芸庭) 성락서(成樂緖)의 변혁적 리더십으로서의 유학활동-『안엽기(鴈葉記)』를 중심으로」,『동서철학연구』 제101호(한국동서철학회, 2021), 286쪽.
7. 이정우, 같은 논문, 286쪽.
8. 이종성,「운정 성락서의 유가사상에 반영된 리더십 정신」, 105쪽.
9. 『유림월보』 1970년 9월 25일 기사(제18호) "유가유신론".
10. 이정우,「1970년대 운정(芸庭) 성락서(成樂緖)의 변혁적 리더십으로서의 유학활동-『안엽기(鴈葉記)』를 중심으로」, 292쪽.
11. 『유림월보』 1972년 1월 25일 기사(제34호) 年頭辭.
12. 『논어』「안연(顏淵)」: 季康子問政於孔子曰, 如殺無道, 以就有道, 何如. 孔子對曰, 爲政焉用殺. 子欲善而民善矣. 君子之德, 風. 小人之德, 草. 草

上之風, 必偃.

13. 『유림월보』 1976년 7월 25일 기사(제88호).

14. 『유림월보』 1971년 2월 25일 기사(제23호) "세계의 움직임과 우리의 각오".

15. 『유림월보』 1971년 7월 25일 기사(제28호) "격동하는 국제정세와 한국의 질서".

16. 『유림월보』 1972년 2월 25일 기사(제35호) "북경회담의 의의".

17. 『유림월보』 1972년 3월 25일 기사(제36호) "격변 속의 한국".

18. 『유림월보』 1972년 6월 25일 기사(제38호) "국제정세의 변동과 유가유신론".

19. 『유림월보』 1972년 9월 25일 기사(제42호) "국제연맹과 국제연합".

20. 『맹자』 「萬章章句下」 : 孟子曰, 伯夷 聖之淸者也, 伊尹 聖之任者也, 柳下惠 聖之和者也, 孔子 聖之時者也. 孔子之謂集大成, 集大成也者, 金聲而玉振之也, 金聲也者, 始條理也, 玉振之也者, 終條理也, 始條理者, 智之事也, 終條理者, 聖之事也.

21. 『유림월보』 1973년 9월 25일 기사(제53호) "윤리선언문".

22. 현재 유림사회에서 통용되는 윤리선언문.

23. 『유림월보』 1974년 4월 25일 기사(제61호).

24. 『유림월보』 1974년 5월 25일 기사(제62호) "국민윤리실천과제".

25. 『유림월보』 1974년 10월 25일 기사(제66호) "윤리입국의 이념"-사회정의로서 재창조-

26. 이정우, 「1970년대 운정(芸庭) 성락서(成樂緖)의 변혁적 리더십으로서의 유학활동-『안엽기(鴈葉記)』를 중심으로」, 300쪽.

27. 『유림월보』 1975년 3월 25일 기사(제66호) "국제동향과 한국"-난관극복의 길은 윤리회복-

28. 이정우, 「1970년대 운정(芸庭) 성락서(成樂緖)의 변혁적 리더십으로서의 유학활동-『안엽기(鴈葉記)』를 중심으로」, 305쪽.

29. 『禮記』, 「樂記」 : 樂者, 通倫理者也.

30. 『禮記』, 「樂記」 : 宮爲君, 商爲臣, 角爲民, 徵爲事, 羽爲物.

31. 『禮記』, 「樂記」편의 朱子註 "倫理, 事物之倫類各有其理也."

32. 『주역』 「설괘(說卦)」 : 和順於道德, 而理於義, 窮理盡性, 以至於命.

33. 『예기』 「곡례」상 : 道德仁義, 非禮不成.

34. 張岱年, 『中國倫理思想硏究』, 上海人民出版社, 1989, 29쪽.

35. 『유림월보』 1974년 6월 25일 기사(제62호) "성균관이 가고 있는 길".

36. 『유림월보』 1975년 2월 25일 기사(제71호) "민주주의 재천명"-공탄일을 스승의 날로-

37. 『유림월보』 1975년 2월 25일 기사(제73호).

38. 『유림월보』 1973년 10월 25일 기사(제54호) "우리를 찾자".

39. 『유림월보』 1974년 2월 25일 기사(제59호) "정신혁명 제언".

40. 『유림월보』 1975년 8월 25일 기사(제77호) "광복 30주년".

41. 『대학』 9장 : "一言僨事, 一人定國".

V. 운정 성락서의 『조선음악서』 편찬과 그 성과 | 이수정

1. 成玉慶 編, 『芸庭 成樂緖先生 文集 鴈葉記』(서울: 昌寧成氏芸圃公派宗中, 2000), 273쪽.
2. 국립국악원, 『이왕직아악부와 음악인들』(서울: 국립국악원, 1991), 142쪽.
3. 이수정, 『이왕직아악부의 조직과 활동』(성남: 한국학중앙연구원 한국학대학원 박사학위논문, 2016); 이수정, 「일제강점기 이왕직아악부 음악촉탁의 역할과 영향의 이중성」, 『이화음악논집』 25-1호(서울: 이화음악연구소, 2021), 1-100쪽.
4. 성낙서 편, 『朝鮮音樂書』, 국립국악원 소장본(第一編 『朝鮮音樂史』 KS962, 第二編 『樂器編 其一』 보유 000811 · 第二編 『樂器編 其二』 보유 000812, 第三編 『音律論』 보유000813, 第四編 『樂曲編』,보유000814, 第五編 『歌編』 보유000815, 第六編 『舞編』 보유000816); 김은자, 「이왕직아악부의 『조선음악서』 편찬과 그 의미」, 『한국음악사학보』 70권(서울: 한국음악사학회, 2023).
5. 운정은 인쇄, 교정할 사람이 없어 출판되지 못하였다 한다. 성옥경 편, 『안엽기』, 273쪽.
6. 이종성, 「인본과 윤리: 운정 성락서의 유가사상에 반영된 리더십 정신」, 『동서철학연구』 제104호(대전: 한국동서철학회, 2022), 87-112쪽; 이종성, 「인문학으로 대학을 디자인하다: 운정 성락서의 인문학적 대학 비전의 리더십」, 『인문과 예술』 제12호(서울: 인문예술연구소, 2022), 25-49쪽; 이정우, 「1970년대 운정(芸庭) 성락서(成樂緖)의 변혁적 리더십으로서의 유학활동- 『안엽기(鴈葉記)』를 중심으로」, 『동서철학연구』 제101호(대전: 한국동서철학회, 2021), 283-308쪽.

7. 이수정, 「일제강점기 이왕직아악부 음악촉탁의 역할과 영향의 이중성」; 김은자, 「이왕직아악부의 『조선음악서』 편찬과 그 의미」.

8. 성락서, 「대전 KBS 대담-나의 자서전」, 成玉慶 編, 『芸庭 成樂緖先生 文集 鴈葉記』, 258쪽.

9. 『유림월보』 1971. 2. 25.-1978. 3. 28.(29회) 사설; 『주간종교』(1972. 2. 2.): 成玉慶 編, 『芸庭 成樂緖先生 文集 鴈葉記』 재인용.

10. 이종성, 「인본과 윤리: 운정 성락서의 유가 사상에 반영된 리더십 정신」, 90쪽.

11. 궁내대신관방 비서과, 1931년 『궁내성직원록』(소화 6년 7월 1일 현재) - 1940년 『궁내성직원록』(소화15년 1월 1일 현재). '職員錄'은 소속 직원의 재직 현황을 기록한다. 직원록에 기재되었다는 것은 이미 이전부터 재직하고 있다는 뜻이다. 운정은 1930년 5월 직원록에는 기재되어 있지 않고 1931년 6월에 기재되었으므로, 1930년 5월 - 1931년 6월 사이에 이왕직에 입사하였다. 성경린과 장사훈의 기록을 토대로 1930년에 이왕직에 들어온 것으로 판단하였다.

12. 이왕직에 근무하는 고(雇) · 용(傭)과 같은 하급직원은 기재하지 않았다. 예를 들어 고 · 용 신분이던 이왕직아악부원은 한동안 직원록에 기재되지 않았다.

13. 이왕직서무과, 『대정 7년 8월 1일 현재 이왕직직원록』(1918), 2-3쪽.

14. 이수정, 『이왕직아악부의 조직과 활동』, 20쪽, 28-33쪽. 1931년 아악부가 만들어졌다는 것은, 연주단체 아악부를 뜻하는 것이 아니다. 아악부는 1931년에 단 한번 부서로 기록되었고, 서무과 · 회계과 · 예식과 · 아악부로 3과(課)1부(部) 형태로 1-2년간 유지되었다. (1932년 직원록은 결손되어 알 수 없고, 1933년 직원록에는 아악부 부서 명칭이 사라졌다.) 1933년 아악부원이 예식과 소속으로 기록된 것으로 보아 아악부서

는 1933년 이전에 폐과 된 것으로 판단된다.

15. 「宗廟春享大祭攝行時祭官(昭和十年二月九日行)」 장서각 소장 MF35-004665, 807쪽.

16. 『宗廟接受公文(昭和十年度)』 장서각 소장 MF16-302, 권1, 97쪽.

17. 『안엽기』의 화보에 "창덕궁 이왕직의 촉탁으로 조선음악서 저술하실 무렵(1938-39)"라고 설명되어 있다. 그러나 이 의관은 제관의 복장이다. 아무 때나 착용하지 못하므로, 전사(典祀)를 담당했을 때 착용한 것으로 보인다.

18. 방송은 1939년 6월 20일 · 7월 21일 · 8월 23일 · 10월 23일, 1940년 3월 17일로 부정기적이었다.

19. 「강연, 아악기이야기」, 『조선일보』 1940. 3. 17. 4면.

20. 『고종국조보감』 · 『순종국조보감』은 1939년 완성되었다. 국조보감찬집회, 『국조보감』(장서각소장본 K2-26, 1939).

21. 조선총독부, 「임시편찬비산출명세서」, 『이왕가예산관계서류-소화6년도 이왕가 예산에 관한 건』, 국가기록원 소장본 CJA0003924, 0388쪽.

22. 안확, 「朝鮮音樂史(附 處容)」, 『조선』 170호(1931. 12.)

23. 이수정, 「일제강점기 이왕직아악부 음악촉탁의 역할과 영향의 이중성」, 83-88쪽.

24. 성경린, 「音樂書의 編纂」, 『나의 인생관 노을에 띄운 가락』(서울: 휘문출판사, 1982), 322쪽.

25. 제시한 표지는 원고용지 첫 장이다. 국립국악원 소장본의 겉표지는 새로 제작한 것으로 여겨 제외하였다. 표지 글씨체는 본문의 일부 서체와 동일하다. 본문에 서체는 여러 종이 혼용되었다. 본문 설명 부분은 표지와 같은 서체이지만, 노랫말, 악보, 표, 그림, 도상 등은 서체가 달라서 필사자가 따로 있었던 것으로 보인다. 사진은 연구자 소장본과 한국

예술종합학교 김은자 선생님께서 제공본이다.

26. 성락서, 「대전 KBS 대담-나의 자서전」, 성옥경 편, 『안엽기』, 258쪽.

27. 장사훈(張師勛, 1916-1991). 1931년 이왕직아악부원양성소 4기생 입학. 1936년부터 1945년 이왕직아악부 해산까지 아악수로 재직. 서울대학교 교수 및 청주대학교 예술대학 학장 역임. 필사 시기는 해방 이후이다. 장사훈은 해방 직후 국악학계 기반 형성에 중추적 역할을 하였고, 이왕직에서 수립된 교육 및 연구성과, 자료를 사용하였다. 『조선음악사』는 연구를 위해 필사한 것으로 보인다.

28. 성락서, 「대전 KBS 대담-나의 자서전, 1983. 12-1984. 2. 28」, 성옥경 편, 『안엽기』, 273쪽 재인용.

29. "情緖의 實錄 朝鮮音樂史 刊行, 十年間 史料를 蒐集整頓 不遠印刷 今秋에 完刊 宮商角徵羽 金石絲竹匏土革木의 文獻化 李王職雅樂部의 大事業", 『동아일보』 1939. 2. 14. [인용문 현대어로 수정하였음. 이하 같음]

30. 성락서, 「대전KBS대담-나의 자서전 방송원고 초안, 1939-40년 朝鮮音樂書(史, 樂器, 歌, 舞, 樂曲)」, 성옥경 편, 『안엽기』 화보 x.

31. 『조선음악서 제5편 가편』, 207쪽.

32. 국립국악원, 『국악박물관 소장악보 목록집』(2022), 29-62쪽; 국립국악원, 『이왕직아악부 오선악보』 한국음악학자료총서 제42집-제52집 (2012)

33. 장사훈, 『국악대사전』 임기준 항목(세광음악출판사, 1984), 627쪽.

34. 『조선음악서 - 가편』, 160쪽. 歌詞之部의 악부 수록 순서는 〈首陽山歌〉·〈襄陽歌〉·〈處士歌〉·〈梅花打令〉·〈白鷗詞〉·〈春眠曲〉·〈路軍樂〉·〈相思別曲〉·〈勸酒歌〉·〈漁父詞〉·〈黃鷄詞〉 순이다.

35. 원고에서는 제7절로 잘못 표기되어 바로잡는다.

36. 『朝鮮』 「朝鮮音樂의 硏究」(1-7) 1930년 3월호, 4월호, 8월호, 9월호, 10

월호, 11월호, 12월호;『朝鮮』「朝鮮音樂史』1931년 12월호, 1932년 1월호.

37. 이왕직아악부,『제4회 아악생교과철』(1931); 이왕직,『수연장지곡』(경성: 활문사, 1933); 이왕직아악부,『제6회 아악생교과철』(1941); 계정식,「오음음계의 소고」,『조선일보』1942.7. 25; 함화진,『조선음악통론』(을유문화사, 1948); 장사훈,「국악음계론」,『국악과교육』2집(한국국악교육연구회, 1977); 김기수,『국악입문』(고전음악출판사, 1972(1983 재판 동일))

38. 1931-34년 사이에 제작된 궁중무용영화에 첨부된 간략한 해설서. 성경린이 운정의 필체라 증언하여 그가 집필한 것으로 알려졌다.

VI. 운정 성락서의 유가유신론 | 이향배

1. 이정우(2021), 「1970년대 운정(芸庭) 성락서(成樂緖)의 변혁적 리더십으로서의 유학활동- 『안엽기(鴈葉記)』를 중심으로」, 『동서철학연구』 제101호(한국동서철학회, 2021); 이정우, 「20세기 후반 성락서(成樂緖)의 공공부문 활동에 있어서의 변혁적 리더십: 안엽기(『鴈葉記』)를 중심으로」, 『인문과 예술』 제11호(인문예술연구소, 2021).
2. 이종성(2022), 「인본과 윤리: 운정 성락서의 유가사상에 반영된 리더십 정신」, 『동서철학연구』 제104호(한국동서철학회, 2022); 이종성, 「인문학으로 대학을 디자인하다: 운정 성락서의 인문학적 대학 비전의 리더십」, 『인문과 예술』 제12호(인문예술연구소, 2022).
3. 성락서, 「『誠』字의 길이 곧 성공의 길」, 성옥경 편, 『운정 성락서선생문집 안엽기』, 창령성씨 운포공파종중(대전: 회상사, 2000), p.250.
4. 성락서, 「나의 인생설계」, 성옥경 편, 『운정 성락서선생문집 안엽기』, p.233.
5. 성락서, 같은 글, 성옥경 편, 같은 책.
6. 성락서, 「20대와 60대와의 대화」, 성옥경 편, 같은 책, p.238.
7. 성락서, 같은 글, 성옥경 편, 같은 책.
8. 성락서, 같은 글, 성옥경 편, 같은 책.
9. 성락서, 「격변 속의 한국」, 성옥경 편, 같은 책, p.48 참조.
10. 성락서, 「유가유신론」, 성옥경 편, 같은 책, p.23 참조.
11. 성락서, 같은 글, 성옥경 편, 같은 책, p.24.
12. 성락서, 같은 글, 성옥경 편, 같은 책.
13. 성락서, 같은 글, 성옥경 편, 같은 책.
14. 성락서, 같은 글, 성옥경 편, 같은 책.

15. 성락서, 같은 글, 성옥경 편, 같은 책.
16. 성락서, 같은 글, 성옥경 편, 같은 책.
17. 성락서, 같은 글, 성옥경 편, 같은 책.
18. 성락서, 「세계의 움직임과 우리의 각오」, 성옥경 편, 같은 책, p.37.
19. 성락서, 「유도 곧 사회 정치의 길」, 성옥경 편, 같은 책, p.37.
20. 성락서, 같은 글, 성옥경 편, 같은 책.
21. 성락서, 「새마을 운동과 종교인의 자세」, 성옥경 편, 같은 책, p.243 참조.
22. 성락서, 같은 글, 성옥경 편, 같은 책.
23. 성락서, 「윤리선언」, 성옥경 편, 같은 책, p.29.
24. 성락서, 같은 글, 성옥경 편, 같은 책.
25. 성락서, 「丙辰年의 念願」, 성옥경 편, 같은 책, p.129.
26. 성락서, 「윤리선언」, 성옥경 편, 같은 책, p.30.

참고문헌

PART.1 공공성과 리더스피릿

Ⅰ. 운정 성락서의 공공활동 리더십

『서경』

『시경』

성옥경 편(2000), 『운정 성락서선생문집 안엽기』, 창령성씨 운포공파종중, 대전: 회상사.

이충우, 「경성제국대학」, 『주간한국』, 1979년 5월 6일, 8월 6일자 기사, 한국일보사,

중앙선거관리위원회, 선거통계시스템, https://www.nec.go.kr/site/nec/main.do

창령성씨운포공파종중, 『경진하산가승』, 대전: 회상사, 2001.

Ⅱ. 인문학으로 대학을 디자인하다: 운정 성락서의 인문학적 비전의 총장 리더십

『大學』

『論語』

『孟子』

成玉慶 編(2000), 『芸庭 成樂緖先生文集 鴈葉記』, 昌寧成氏 芸圃公波 宗中, 回想社.

충남대학교 30년사 편찬위원회(1982), 『충남대학교 30년사』, 삼화인쇄주식회사.

충남대학교 60년사 편찬위원회(2012), 『충남대학교 60년사』, 문원미디어.

『충남대학교 도서관 오십년사(1953-2003)』(2003), 충남대학교도서관.
박성수(1988), 「위당 정인보의 단군문화론」, 『동양학』 18집, 단국대학교 동양학연구소.
이이화(2008), 『바람 앞에 절명시를 쓰노라』, 김영사.
정인보(2012), 『조선사연구(상)』, 문성재 역주, 우리역사연구재단.
정인보(2006), 『담원문록(하)』, 정양완 옮김, 태학사.
최영성(2006), 『한국유학통사(하)』, 심산.
테리 이글턴(2021), 『문화란 무엇인가』, 이강선 옮김, 문예출판사.
이정우(2021), 「1970년대 운정(芸庭) 성락서(成樂緖)의 변혁적 리더십으로서의 유학활동- 『안엽기(鴈葉記)』를 중심으로」, 『동서철학연구』 제101호, 한국동서철학회.
이정우(2021), 「20세기 후반 성락서(成樂緖)의 공공부문 활동에 있어서의 변혁적 리더십: 안엽기(『鴈葉記』)를 중심으로」, 『인문과 예술』 제11호, 인문예술연구소.
국사편찬위원회, 「우리역사네」, 교과서 용어 해설, 〈조선학 운동〉. http://contents.history.go.kr/front/tg/view.do?treeId=0200&levelId=tg_004_2690&ganada=&pageUnit=10
정기원, "도서관의 기능과 역할에 대하여-도서관은 시민 지적 성장의 심장", 「전북더푸른뉴스」, 2021.01.13. http://www.jbtheblue.com/news/article.html?no=3481
https://namu.wiki/w/국학대학
https://namu.wiki/w/가난?from=빈곤층
https://ko.dict.naver.com/#/search?query=역사의식
https://ko.wikipedia.org/wiki/서리_(행정)
https://plus.cnu.ac.kr/_prog/history_president/?site_dvs_cd=kr&menu_dvs_cd=010305&gr=0

PART.2 유학과 리더스피릿

Ⅲ. 인본과 윤리: 운정 성락서의 유가사상에 반영된 리더십 정신

『논어』

『맹자』

『대학』

『중용』

『주역』

『시경』

『순자』

『논어집주』

『맹자집주』

成玉慶 編(2000), 『芸庭 成樂緖先生文集 贋葉記』, 昌寧成氏 芸圃公波宗中, 회상사.

철학사전편찬위원회(1987), 『철학사전』, 서울: 도서출판 중원문화.

김태길(1995), 『한국윤리의 재정립』, 서울: 철학과현실사.

뚜 웨이밍(1999), 『뚜 웨이밍의 유학강의』, 정용환 옮김, 성남: 청계.

막스 호르크하이머(2006), 『도구적 이성 비판』, 박구용 옮김, 서울: 문예출판사.

모종삼(1979), 『중국철학특질』, 송항룡 역, 서울: 범학.

미셸린 이샤이(2010), 『세계인권사상사』, 조효재 옮김, 서울: 도서출판 길.

E. 프롬(2018), 『자기를 위한 인간』, 강주헌 옮김, 서울: 나무생각, 2018.

Immanuel Kant, Kritik der praktischen Vernunft(1788), hrsg. Karl Vorländer, Felix Meiner Verlag, 1974.

유남상(1977), 「한국 고대사상에 나타난 인본정신」, 『새마음논총』 창간호, 충남대학교 새마을연구소.
이정우(2021), 「1970년대 운정(芸庭) 성락서(成樂緖)의 변혁적 리더십으로서의 유학활동- 『안엽기(鴈葉記)』를 중심으로」, 『동서철학연구』 제101호, 한국동서철학회.
이정우(2021), 「20세기 후반 성락서(成樂緖)의 공공부문 활동에 있어서의 변혁적 리더십: 안엽기(『鴈葉記』)를 중심으로」, 『인문과 예술』 제11호, 인문예술연구소.
이종성(2002), 「순자 철학에서의 자연과 인간의 이분법」, 『동서철학연구』 제25호, 한국동서철학회.
http://encykorea.aks.ac.kr/Contents/Item/E0042306
https://ko.wikipedia.org/wiki/독일-소련_불가침_조약

Ⅳ. 운정 성락서의 성균관장으로서의 리더십 - 『유림월보』를 중심으로 -

『대학』
『논어』
『맹자』
『예기』
『주역』
『유림월보』
張岱年(1989), 『中國倫理思想硏究』, 上海人民出版社.
이종성(2022), 「운정 성락서의 유가사상에 반영된 리더십 정신」, 『동서철학연구』 제104호, 한국동서철학회.

이정우(2021), 「1970년대 운정(芸庭) 성락서(成樂緖)의 변혁적 리더십으로서의 유학활동-『안엽기(鴈葉記)』를 중심으로」, 『동서철학연구』 제101호, 한국동서철학회.

PART.3 운정의 학문 세계

V. 운정 성락서의 『조선음악서』 편찬과 그 성과

성낙서 편, 『朝鮮音樂書』, 국립국악원 소장본(第一編 『朝鮮音樂史』 KS962, 第二編 『樂器編 其一』 보유 000811 · 第二編 『樂器編 其二』 보유 000812, 第三編 『音律論』 보유000813, 第四編 『樂曲編』,보유 000814, 第五編 『歌編』 보유000815, 第六編 『舞編』 보유000816)

成玉慶 編(2000), 『芸庭 成樂緖先生 文集 鴈葉記』, 서울: 昌寧成氏芸圃公派宗中.

「강연, 아악기이야기」, 『조선일보』, 1940. 3. 17. 4면.

계정식, 「오음음계의 소고」, 『조선일보』, 1942.7. 25.

국립국악원(1991), 『이왕직아악부와 음악인들』, 서울: 국립국악원.

국립국악원(2022), 『국악박물관 소장악보 목록집』, 서울: 국립국악원.

국립국악원(2012), 『이왕직아악부 오선악보』, 한국음악학자료총서 제42집-제52집.

국조보감찬집회(1939), 『국조보감』(장서각소장본 K2-26)

궁내대신관방 비서과(1931), 『궁내성직원록』(소화 6년 7월 1일 현재)

김은자(2023), 「이왕직아악부의 『조선음악서』 편찬과 그 의미」, 『한국음악사학보』 70권, 서울: 한국음악사학회.

김기수(1972), 『국악입문』(1983 재판 동일)

성경린(1982), 「音樂書의 編纂」, 『나의 인생관 노을에 띄운 가락』, 서울: 휘문출판사.

안확, 「朝鮮音樂史(附 處容)」, 『조선』 170호, 1931.12.

『유림월보』, 1971. 2. 25.-1978. 3. 28.(29회) 사설.

이수정(2016),『이왕직아악부의 조직과 활동』, 성남: 한국학중앙연구원 한국학대학원 박사학위논문.

이수정(2021),「일제강점기 이왕직아악부 음악촉탁의 역할과 영향의 이중성」,『이화음악논집』 25-1호, 서울: 이화음악연구소.

이왕직(1933),『수연장지곡』, 경성: 활문사.

이왕직서무과,『대정 7년 8월 1일 현재 이왕직직원록』.

이왕직아악부(1931),『제4회 아악생교과철』.

이왕직아악부(1941),『제6회 아악생교과철』.

이정우(2021),「1970년대 운정(芸庭) 성락서(成樂緖)의 변혁적 리더십으로서의 유학활동-『안엽기(鴈葉記)』를 중심으로」,『동서철학연구』 제101호, 한국동서철학회.

이종성(2022),「인본과 윤리: 운정 성락서의 유가사상에 반영된 리더십 정신」,『동서철학연구』 제104호, 한국동서철학회.

이종성(2022),「인문학으로 대학을 디자인하다: 운정 성락서의 인문학적 대학 비전의 리더십」,『인문과 예술』 제12호, 인문예술학회.

장사훈(1977),「국악음계론」,『국악과교육』 2집, 한국국악교육연구회.

장사훈(1984),『국악대사전』, 세광음악출판사.

조선총독부(1931),「임시편찬비산출명세서」,『이왕가예산관계서류-소화6년도 이왕가 예산에 관한 건』, 국가기록원 소장본 CJA0003924, 0388쪽.

『朝鮮』「朝鮮音樂의 硏究」(1-7) 1930년 3월호, 4월호, 8월호, 9월호, 10월호, 11월호, 12월호.

『朝鮮』「朝鮮音樂史」 1931년 12월호, 1932년 1월호.

「宗廟春享大祭攝行時祭官(昭和十年二月九日行)」 장서각 소장 MF35-004665

『宗廟接受公文(昭和十年度)』장서각 소장 MF16-302, 권1
『주간종교』, 1972. 2. 2.
함화진(1948), 『조선음악통론』, 서울: 을유문화사.

Ⅵ. 운정 성락서의 유가유신론

성옥경 편(2000), 『운정 성락서선생문집 안엽기』, 창령성씨 운포공파종중, 대전: 회상사.
이정우(2021), 「1970년대 운정(芸庭) 성락서(成樂緖)의 변혁적 리더십으로서의 유학활동- 『안엽기(鴈葉記)』를 중심으로」, 『동서철학연구』 제101호, 한국동서철학회.
이정우(2021), 「20세기 후반 성락서(成樂緖)의 공공부문 활동에 있어서의 변혁적 리더십: 안엽기(『鴈葉記』)를 중심으로」, 『인문과 예술』 제11호, 인문예술연구소.
이종성(2022), 「인본과 윤리: 운정 성락서의 유가사상에 반영된 리더십 정신」, 『동서철학연구』 제104호, 한국동서철학회.
이종성(2022), 「인문학으로 대학을 디자인하다: 운정 성락서의 인문학적 대학 비전의 리더십」, 『인문과 예술』 제12호, 인문예술연구소.

연보

1. 이력

(1) 출생지 : 충청남도 공주군 공주읍

(2) 생년월일 : 1905년 6월 23일, 운포(芸圃) 성보영(成普永)과 남원(南原) 윤씨(尹氏) 사이에서 장남으로 출생

(3) 본적 : 충청남도 공주군 공주읍(현 공주시) 반죽동 274

(4) 별세 : 1988년 11월 24일(충남대학교 의과대학 부속병원), 향년 84세

(5) 가족 : 배우자(연일(延日) 정기택(鄭基澤))와 4남 4녀

2. 학력

(1) 공주공립보통학교 졸업 (1920년 3월)

(2) 경성제일고등보통학교 졸업 (1925년 3월)

(3) 경성제국대학 예과문과을류(豫科文科乙類) 수료 (1927년 2월)

(4) 경성제국대학 법문학부 졸업 (1930년 3월)

(5) 중화민국(中華民國) 중화학술원(中華學術院)에서 명예 철학박사 (1974년 3월 28일)

(6) 충남대학교에서 명예 철학박사 (1982년 5월 25일)

3. 교직경력

(1) 중앙불교전문학교 강사 (1930년 4월 - 1932년 3월)

(2) 이화여자전문학교 교수 (1932년 4월 - 1939년 3월)

(3) 보문중학교 설립, 초대 교장 (1945년 12월)

(4) 성균관대학교 학감(學監) (1947년 3월)

(5) 국학대학 교무처장 (1947년 9월)

(6) 충남대학교 총장서리 (1952년 9월 - 1954년 10월)

4. 정부봉사

(1) 사범대학기성회 기성위원 (1945년 10월)

(2) 충청남도 노동조정위원 (1946년 1월)

(3) 제헌국회의원 (1948년 5월 - 1950년 5월)

(4) 충청남도지사 (1952년 9월 - 1954년 9월)

5. 정치활동

(1) 광복군 예비대 조직 (1945년 9월)

(2) 무명회(無名會) 부회장 (1945년 10월)

(3) 독립촉성중앙협의회 조직 참가 (1945년 11월)

(4) 독립촉성 충남협의회 부회장 (1945년 12월)

(5) 비상국민회의 충남대의원, 동(同)분과위원회 문교위원 (1946년 2월)

(6) 대한독립촉성국민회 중앙위원 (1946년 2월)

(7) 좌우합작 반대 동지회 책임위원 (1946년 6월)

(8) 대한독립촉성국민회 대전부(大田府) 지부장 (1946년 10월)

(9) 한국 민족대표 외교사절 대전후원회 회장 (1946년 12월)

(10) 신탁통치반대투쟁위원회 부위원장 (1947년 1월)

(11) 국민회 충청남도본부 위원장 (1951년 5월)

(12) 대한청년단 충청남도단부(團部) 단장 (1951년 6월)

(13) 자유당 충청남도당부(黨部) 위원장 (1952년 2월)

(14) 민주공화당 중앙위원 (1975년 10월)

(15) 대한민국 국회의원 동우회 충청남도 지회장 (1983년 11월)

6. 사회봉사

(1) 경성이보합명회사(京城以保合名會社) 설립 (1939년 4월)

(2) 경성동영기공사 대표사원 (1941년 2월)

(3) 충청남도교육협회 회장 (1945년 9월)

(4) 국제연합 한국협회 충청남도 지부장 (1952년 8월)

(5) 대한군경원호회 충청남도 지부장 (1952년 9월)

(6) 재단법인 충청남도 향교재단 이사장 (1955년 7월)

(7) 유도회 충청남도본부 위원장 (1955년 12월)

(8) 국제인권옹호한국연맹 충청남도본부 위원장 (1956년 11월)

(9) 남간사(南澗祠, 우암 송시열 서원) 도유사(都有司) (1958년)

(10) 동춘당(同春堂) 고적보존회장 (1958년)

(11) 사단법인 충현서원 도유사 겸 이사장 (1961년)

(12) 사단법인 숙모회(肅慕會) 이사장 (1962년)

(13) 대한적십자사 충남지사장 (1966년 10월)

(14) 재건국민운동 충청남도본부 위원장 (1966년 12월)

(15) 재단법인 성균관 이사장 (1968년 4월)

(16) 모덕사(慕德祠, 면암 최익현 사우) 도유사 (1969년 3월)

(17) 성균관장 (1970년 6월 - 1976년 6월)

(18) 한중문화친선협회 고문 (1977년 12월)

(19) 한국공자학회 회장 (1980년 11월)

7. 상훈

국민훈장 무궁화장 (1969년 12월 17일)

8. 후손

(1) 장남 故호경(虎慶) (의학박사, 서울대학교 의과대학 교수 역임)

(2) 차남 한경(翰慶) (총무처 서기관, 공무원연금관리공단 상임이사 역임)

(3) 삼남 옥경(玉慶) (역사학자 및 육영사업)

(4) 사남 故도경(道慶) (오성상사 대표, 在美 사업가)

(5) 장녀 윤경(允慶) (배우자 故조성진, 농학박사, 충북대학교 교수 및 총장 역임)

(6) 차녀 故차경(次慶) (배우자 故홍순옥, 정치학자, 동국대학교 교수 역임)

(7) 삼녀 경자(慶子) (배우자 故서해길, 철학박사, 충남대학교 교수 및 문과대학장 역임)

(8) 사녀 경순(慶順) (배우자 이순구, 약제사)

운정 선생의 얼과 활동이 간직된 장소와 건축물

운정 선생의 얼과 활동이 간직된 장소와 건축물

1900년대초 공주시가지 전경
(1905년 충청남도 공주군 공주읍에서 출생하여 유소년기를 보냄)

경성제국대학 (서울시 종로구 동숭동; 1925.2-1930.3 경성제대 수학 및 졸업)

제헌국회 개회식 (1953년 5월 31일 중앙청 회의실; 1948.5-1950.5 제헌 국회의원 역임)

舊충남도청 (대전시 중구 선화동; 1952.9-1954.9 충청남도 도지사 역임)

1953년 충남대학교 개교 1주년 기념식에서 연설하는 운정 선생
(대전시 중구; 1952.10-1954.9 충남대학교 총장서리 역임)

충남대학교 (대전시 유성구 궁동; 2023 현재 모습)

성균관 명륜당 (서울 종로구 성균관로; 1970.6-1976.6 성균관장 역임)

숙모전

(충남 공주시 반포면 학봉리; 충청남도 향교재단 이사장(1955),
유도회 충청남도본부 위원장(1955), 사단법인 숙모회 이사장(1962) 등으로 재직하며
계룡산 동계사 · 삼은각 · 숙모전 중건 및 중수)

충현서원 (충남 공주시 반포면 공암리; 1961년 사단법인 충현서원 도유사 겸 이사장)

문절사 (세종특별자치시 금남면; 1984년 10월 개축작업 지도)

반공건국청년운동 순국기념탑 (대전시 중구 사정동; 1986년 10월 건립 및 제막식 주관)

운정 선생 추모비 (세종특별자치시 금남면 달전리 선영)

집필진 소개

집필진 소개

서영식(徐英植)

충남대학교(철학)와 한국방송통신대학교(법학)를 졸업하였으며, 스위스 루체른대학교에서 철학박사(Dr.phil.) 학위를 취득하였다. 현재 충남대에서 자유전공학부 교수 및 학부장, 리더스피릿연구소장, 출판문화원장으로 활동 중이다. 또한 한국동서철학회 편집위원장을 맡고 있다. 주요 저서로는 『리더와 리더스피릿』(2023), 『역사와 고전의 창으로 본 21세기 공공리더십』(공저, 2023), 『70년 CNU의 리더스피릿』(공저, 2022), 『공공성과 리더스피릿』(공저, 2022), 『인문학 속 민주시민교육』(공저, 2022), 『고전의 창으로 본 리더스피릿』(공저, 2021), 『청춘의 철학』(2021), 『플라톤철학의 실천이성담론』(2017), 『전쟁과 문명』(공저, 2016), 『플라톤과 소크라테스적 대화-문학형식의 철학적 사용』(공역, 2015), 『인문학과 법의 정신』(공저, 2013), 『신플라톤주의』(공역, 2011), 『시간과 철학』(공저, 2009), Selbsterkenntnis im Charmides(2005) 등이 있다. 그 밖에도 서양고전철학과 리더십 연구에서 수십편의 논문을 발표하였다.

youngsik@cnu.ac.kr

이수정(李秀晶)

중앙대학교 음악대학 및 동대학원을 졸업하고, 한국학중앙연구원 한국학대학원에서 박사학위를 취득했다. 현재 한국학중앙연구원 학술연구교수이다. 저서 및 연구는 『100년전 경성의 음악공간을 산책하다』(공편, 2021, 2022년 세종도서), 『경성의 소리문화와 음악공간』(공편, 2021), 『문화공간, 서울역사이야기』(공편, 2022), 『한국근대음악공연기사자료집』 1-10권(공편, 2009)이 있으며, 「조선신궁예제와 이왕직아악부」(『이화음악논집』, 2019), 「이왕직양악대의 활동이 근대음악사회에 끼친 영향」(『음악과 민족』, 2019), 「경성악대의 음악활동 고찰」(『음악과 민족』, 2019), 「일제강점기 이왕직아악부 음악촉탁의 역할과 영향의 이중성」(『이화음악논집』, 2021), 「이종태의 해방 전후 음악활동 고찰」(『음악과 현실』 2021), 「고종의 국장의식과 음악」(『음악과현실』, 2022), 「일제강점기 국장의 양상 및 성격」(『음악과현실』, 2022), 「이왕직아악부의 궁내성 출장과 궁중음악의 변동」(『한국음악사학보』, 2023)이 있다.

suulee@hanmail.net

이정우(李政祐)

충남대학교 사학과를 졸업하고 동 대학원에서 조선시대사를 전공하여 박사학위를 취득하였다. 오랫동안 한국 근세 및 근대 정치사회사를 연구하였다. 저서로는 『천년을 거슬러 만나 본, 세종시 역사인물 12인 이야기』(2023), 『역사와 고전의 창으로 본 21세기 공공리더십』 (공저, 2023), 『70년 CNU의 리더스피릿』(공저, 2022), 『20세기 대전의 리더스피릿』(공저, 2022), 『고전의 창으로 본 리더스피릿』(공저, 2021), 『조선시대 호서사족 연구』(2002), 『한국근세 향촌사회사 연구』(2002) 등이 있다. 그밖에 수십 편의 전공관련 연구논문이 있다.

ljw729@hanmail.net

이종성(李鍾晟)

충남대학교 철학과를 졸업하고 동 대학원에서 장자철학 연구로 철학박사학위를 취득한 후 1999년부터 충남대학교 철학과 교수로 재직 중이며, 현재 충남대학교 인문학연구원장을 맡고 있다. 그동안 한국연구재단 전문위원, 충남대학교 유학연구소장 및 율곡학회장, 대한철학회장 등을 역임했으며, 율곡대상 학술상과 한국동서철학회 저술상을 수상했다. 주요 저서로는 『도가철학의 문제들』, 『믿음이란 무엇인가』(2015년 세종우수도서), 『율곡과 노자』(2017년 세종우수도서), 『맨얼굴의 장자』, 『역사 속의 한국철학』(2018년 세종우수도서), 『동양필로시네마』 등의 단독저서와 『위진현학』(2002년 문화관광부 우수도서), 『21세기의 동양철학』 등 여러 권의 공저가 있고, 「『노자』 제25장의 존재론적 검토」, 「함석헌의 장자관」, 「풍우란의 노장해석의 관점과 그 전변의 문제」, 「곽말약의 장자철학 해석의 변천과정과 비판적 장자관에 대한 반론」 등 다수의 연구논문이 있다.

chaos@cnu.ac.kr

이향배(李香培)

충남대학교 한문학과를 졸업하고 단국대학교 대학원에서 문학박사학위를 받았다. 2001년 9월부터 충남대학교 한문학과에 재직 중이며, 현재 근역한문학회장, 충남대한자문화연구소장, 한국고전번역교육원 대전분원장, 권역별 거점연구소 협동 번역사업 중부권역 팀장을 맡고 있다. 주요저술로는 『한국한시비평론』이 있으며, 번역서 공역으로는 『추안급국안』, 『지호집』, 『지천서원지』, 『노서유고』, 『호산록』 등 다수가 있다. 또한 「『보한집』에 보인 최자의 주기론」, 「구봉 송익필 한시를 통해 본 군자유 지향」, 「삼포왜란후 모재 김안국의 대일외교 논리와 전략」, 「취금헌 박팽년의 문학사상」, 「경회 김영근 한시에 투영된 위정척사 정신」 등 한문학 연구 분야의 논문이 다수 있다.

5386yhbbb@hanmail.net

최영갑(崔瑛甲)

성균관대학교 유교철학과를 졸업하고 같은 대학 동양철학과 대학원에서 철학박사학위를 받았다. 성균관대학교 유학대학 겸임교수, 한국유경편찬센터 편찬실장을 역임했다. 현재 성균관유도회총본부 회장으로 활동하고 있다. 주요 저서로는 『청춘성어』, 『군자가 살아야 나라가 산다』, 『한 권으로 읽는 동양철학이야기』, 『공자와 맹자의 도덕철학』, 『성학십도: 열 가지 그림으로 읽는 성리학』, 『성학집요: 교양으로 읽는 율곡 성리학』, 『회남자: 생각의 어우러짐에 관한 지식의 총서』, 『숟가락 먼저 들면 왜 안 돼요?』 등이 있다. 또한 『논어』, 『대학 · 중용』, 『주희집주 맹자』 등을 번역하였다.

moonkok1129@hanmail.net

출처

출 처

Ⅰ. 운정 성락서의 공공활동 리더십

이정우, 「20세기 후반 성락서(成樂緖)의 공공부문 활동에 있어서의 변혁적 리더십: 안엽기(『鴈葉記』)를 중심으로」, 『인문과 예술』 제11호, 2021.

Ⅱ. 인문학으로 대학을 디자인하다: 운정 성락서의 인문학적 비전의 총장 리더십

이종성, 「인문학으로 대학을 디자인하다: 운정 성락서의 인문학적 대학 비전의 리더십」, 『인문과 예술』 제12호, 2022.

또한 이 글은 『70년 CNU의 리더스피릿』(충남대학교출판문화원, 2022)에 수록된 바 있다.

Ⅲ. 인본과 윤리: 운정 성락서의 유가사상에 반영된 리더십 정신

이종성, 「인본과 윤리: 운정 성락서의 유가사상에 반영된 리더십 정신」, 『동서철학연구』 제104호, 2022.

Ⅳ. 운정 성락서의 성균관장으로서의 리더십 -『유림월보』를 중심으로-

처음 작성된 글

V. 운정 성락서의 『조선음악서』 편찬과 그 성과

처음 작성된 글

VI. 운정 성락서의 유가유신론

이향배, 「운정 성락서의 유가유신론」, 『동서철학연구』 제108호, 2023.

※ 최초에 발표되었던 논문의 제목과 내용은 본 저술의 성격에 맞추어 일부 수정하거나 보충하였다.

CNU 리더스피릿연구소의 책들

고전의 창으로 본 리더스피릿(2021)

이 책은 인문사회과학의 고전(古典) 텍스트를 매개로 독자들이 다양한 리더십 담론의 연원과 본질 그리고 역사적인 사례와 미래적 전망을 통섭적으로 이해하고 응용할 수 있도록 인도하고 있다.

공공성과 리더스피릿(2022)

이 책은 개인의 가치와 공동체의 가치 사이에서 균형을 잡고, 진정성을 바탕으로 윤리적 결단을 감행하며, 균형 잡힌 영향력을 행사함으로써 구성원들의 공감과 제도적 변화를 견인할 수 있는 리더의 등장을 촉진할 것이다.

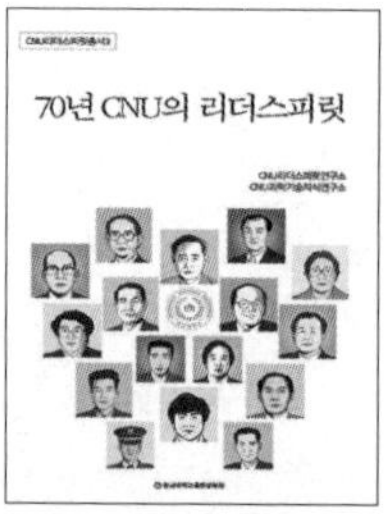

70년 CNU의 리더스피릿(2022)

이 책은 개교 70주년을 맞이한 충남대학교가 더 큰 미래를 꿈꾸며 새로운 도약을 준비하는 시점에서, 학교를 위해 헌신했던 분들의 삶과 업적을 중심으로 충남대의 역사와 발자취를 되새겨 볼 수 있는 기회를 제공한다.

리더와 리더스피릿(2023)

이 책은 21세기 대한민국호의 시대정신을 선도하는 리더의 육성을 견인할 수 있도록 구성되었다. 리더스피릿이란 구성원들이 지금 여기서 가장 필요로 하는 바, 즉 시대정신을 정확히 파악하고 이를 새로운 공유비전으로 개념화한 후 다시 구성원과 더불어 성취할 수 있는 자세와 역량으로 규정할 수 있다.

역사와 고전의 창으로 본 21세기 공공리더십(2023)

이 책은 고금의 고전 작품에서 의미 있게 묘사되었거나 역사의 다양한 층위에서 실제로 등장했던 리더십의 유형과 양상을 공공성 차원에서 소개함으로써, 21세기 한국사회가 지향하고 육성해야 할 진정한 리더의 상을 제시하고 있다.

운정 성락서의 현실인식과 리더스피릿

저자 CNU 리더스피릿연구소
발행일 2023년 10월 30일 발행인 이진숙
펴낸곳 충남대학교출판문화원 주소 대전광역시 유성구 대학로 99
전화 042-821-6045 홈페이지 www.cnupress.co.kr E-mail cnupress@cnu.ac.kr

ISBN 979-11-6503-204-3 03000
정가 25,000원